확실한 미래

WEB3로 세계는

확실한 미래

이토 조이치 지음 | 김영주 옮김

이렇게 달라진다

넉스톤

북스톤

세계는 새로운 규칙으로
움직이기 시작했다

지금 제 마음은 전에 없이 설렙니다.

인터넷이 등장하던 순간을 목도했고, 세상을 뒤흔든 거대한 변화가 일어나는 장면도 살면서 몇 차례나 경험했는데, 지금 다시 한 번 역사적 대전환의 출발점에 서 있다는 사실이 느껴지기 때문입니다. 바로 새로운 테크놀로지가 일으키는 변화입니다.

최근 몇 년 새 '메타버스' 'NFT' 'web3' 등의 단어가 자주 들리고 있죠. 기술에 밝은 몇몇 사람들의 관심사일 뿐, 들어도 무슨 말인지 모르겠고 나와는 상관없는 이야기라고 생각하는 분들도 계실지 모르겠군요. 하지만 인터넷도 처음에는 그렇게 시작했습니다.

저는 IT 사업 투자에 관한 일을 오랫동안 해오고 있습니다. 벤처투자자로서 트위터와 같은 인터넷 벤처기업의 사업 전개와 육성을 여러 차례 지원한 바 있습니다. 그 과정에서 길지 않은 세월 동안 실로 많은 변화를 지켜볼 수 있었습니다.

'모뎀'이라고 아시나요? PC통신 시절 인터넷 이용을 가능하게 해주었던 장치입니다. 1984년 무렵부터 모뎀을 사용하며 인터넷에 친숙해진 저는 아마도 IT의 역사를 빠짐없이 지켜본 얼마 안 되는 사람 중 하나일 것입니다. 1990년대 초반만 해도 인터넷에 대해 이야기하는 사람은 제 주변에서도 손에 꼽을 정도였습니다. 그랬던 것이 지금은 손바닥만 한 스마트폰으로 누구나 언제든 인터넷에 접속할 수 있는 세상이 되었습니다. 어느덧 인터넷이 탄생한 지 반세기, 대중적으로 보급된 지도 20년이 넘었습니다. 이제 세계 어디에 있든 '인터넷 없는 생활'은 상상할 수도 없을 것입니다.

web3, 메타버스, NFT도 가까운 미래에 이렇게 인식될 가능성이 큽니다. '이게 없는 시대가 있었다니 믿기지 않아' '이것도 제대로 사용하지 못하면 곤란하지'라는 생각이 들게 할 극적인 변화가 지금 시작되고 있습니다. 디지털 기술에 국한된 이야기를 하는 게 아닙니다. 거대한 변화의 파도는 일하는 방식, 경제생활과 소비문화, 개인의 정체성, 교육 시스템, 민주주의 등 우리 삶을 아우르는 모든 영역을 집어삼킬 것입니다. 그 누구도 영향에서 벗어날 수 없습니다.

이 거대한 변화가 도대체 무엇인지, 가능한 많은 이들의 이해를 돕기 위해 이 책을 썼습니다. 웹(web)이 1.0과 2.0을 지나 web3의 단계에 접어들었습니다. 아직 초창기인지라 web3를 설명하는 데에는 생소한 용어가 많이 등장합니다. 기술에 관한 이야기가 이 책의 중심 내용은 아니지만, web3가 세상에 어떤 변화를 가져올지 그려보려면 기본적인 이해가 필요하므로 서장에서 가급적 쉽게 소개했습니다. 이미 아는 내용이라면 건너뛰고 1장부터 읽어주시면 됩니다.

web3, 메타버스, NFT가 어떤 변화를 일으킬까요? 이미 우리 앞에 와 있는 메가트렌드는 무엇일까요? 이 책에서 다룰 내용을 간략히 소개하면 다음과 같습니다.

web3 : 거버넌스, 근무형태, 조직의 혁명

web3에는 다양한 요소가 존재합니다. 그중 특히 주목할 점은 인터넷이 진화하는 동안 잊혀져갔던 웹의 핵심신조인 '탈중앙화'라는 방향성을 다시 추구하게 되었다는 것입니다. 이는 '블록체인'이라는 신기술 덕분에 가능합니다.

웹의 여명기에는 직접 정보를 발신하고자 했던 전 세계

사람들이 자기 손으로 WWW 서버를 설립했습니다. 크게는 야후의 시작이 그랬고, 작게는 제가 1993년에 만든 일본 최초의 개인 웹사이트인 '토미가야(富ヶ谷)'도 그랬습니다. 신문사나 출판사, 방송국의 힘을 빌리지 않고 전 세계에 정보를 발신할 수 있다는 점이 획기적이었습니다. 중심은 존재하지 않고, 서버가 세계 여기저기에 흩어져 있었습니다. 새로운 정보 발신 형태인 '홈페이지'가 하루가 멀다 하고 생겨나, 놀이하듯 새 홈페이지를 찾아내며 즐거워했던 기억이 납니다.

그 후 대기업과 대규모 조직이 웹의 세계에 발을 들이고, 각국 정부도 홈페이지를 만들기 시작했습니다. 처음에는 개인이 방송국을 만들어 운영하는 듯한 느낌이었는데, 큰 기관들이 합류하면서 어느덧 깔끔하게 정리된 정보를 열람하는 용도가 되었습니다. 이것이 Web1.0입니다.

Web2.0은 읽기 위주였던 Web1.0에서 다시 한 번 개인이 정보를 발신하려는 시도라 할 수 있습니다. 블로그 등이 시작되고, 그것을 호스팅하는(서버를 빌려주는) 기업이 등장했습니다. 웹에 올라온 정보를 읽기만 하던 개인들이 스스로 쓰기 시작하면서 웹의 세상은 폭발적으로 확장되었습니다. 집단지성이 주목받기 시작한 것도 이 무렵입니다. 위키피디아의 등장이 상징적이죠. 동시에 SNS도 유행했습니다. 개인 미디어의 역할을 하는 SNS는 '개인의 정보 발신'이라는 취지에 잘 부합하는 사례입니다.

그러나 참여하는 사람이 늘어나면서 역설적으로 이 공간을 제공하는 기업의 영향력이 커졌습니다. '플랫폼'의 탄생입니다. 웹 여명기, 인터넷의 핵심가치였던 탈중앙화된 분산형 구조는 어느새 소수의 플랫폼 기업을 중심으로 전개되는 중앙집권적 구조로 변해버렸습니다.

그 후 등장한 것이 web3 운동입니다. web3의 기반이 되는 블록체인 시스템을 통해 다양한 탈중앙화 시도가 이루어지고 있습니다.

그중 특히 '분산형 자율조직(Decentralized Autonomous Organization, DAO)'은 우리 일상에 큰 영향을 미칠 것으로 예상됩니다. DAO가 그려내는 새로운 조직 형태가 기업 거버넌스는 물론 개인이 일하는 방식을 근본적으로 변화시킬 가능성이 크기 때문입니다. 이런 형태의 조직에서는 '경영자→종업원'의 상의하달 방식이 아니라 구성원 전원이 참여해 모든 일을 직접민주주의 방식으로 결정합니다. 회사 조직이 먼저 변화하고 이어서 지방행정, 나아가 국가 행정에서도 DAO형 거버넌스를 채택할 가능성도 있습니다. 이에 대해 1장에서 자세히 소개하겠습니다.

메타버스 : 코로나 위기 상황에
연결된 web3와 가상현실

3장에서 다룰 메타버스는 다양하고 폭넓게 정의할 수 있지만, 그 여파로 출현하게 될 메가트렌드라면 역시 가상현실(Virtual Reality, VR)일 것입니다. '가상현실 안에서 다른 사람과 교류하고 행동한다'라는 아이디어 자체는 그다지 새롭지 않습니다. 저도 홈페이지를 개설한 1990년대 초반부터 꾸준히 가상현실과 관련한 일을 하고 있고요.

그때만 해도 가상현실을 익숙하게 받아들인 이들은 일부 게이머 정도였습니다. 당시 잠깐 유행의 조짐이 보이기도 했지만, 결국 대중화되지 못한 채 현재에 이르렀습니다. 그러던 가상현실이 최근 '메타버스'라는 단어로 대체되며 빠르게 우리 삶에 들어오고 있습니다.

인식 변화의 배경에는 코로나 사태가 있습니다. 잘 아시듯, 코로나19가 들이닥치자 온 세계가 재택근무를 권장하고 줌(Zoom) 등을 이용한 온라인 화상회의가 시행되었습니다. 직접 얼굴을 마주하지 않는 온라인상의 만남이 일상이 되면서 가상세계에서의 '만남'에 대한 물리적, 심리적 장벽도 확실히 낮아졌습니다. 그렇게 '가상현실도 괜찮네'라는 인식이 자리잡고, web3의 문맥에도 가상현실이 적용되었습니다.

가상현실로 대표되는 메타버스는 인간이 신체의 한계와 환경의 제약 없이 시공을 뛰어넘어 커뮤니케이션할 수 있는 공간입니다. 메타버스가 당연한 일상으로 자리잡으면 개인의 정체성과 커뮤니케이션 방식에도 큰 변화가 일어날 것입니다.

NFT : '돈으로 바꿀 수 없는 가치'를 가시화

세 번째는 NFT입니다. 2021년 미국 크리스티 경매에서 〈매일 : 첫 5000일(Everydays: The First 5000 Days)〉이라는 NFT 작품이 6930만 달러에 판매되어 세계를 떠들썩하게 했습니다. 이 뉴스에 놀라서 'NFT가 뭔데?' 하고 관심을 갖게 된 분들도 적지 않을 것입니다. 그때까지만 해도 NFT라는 단어를 들어본 적은 있어도 제대로 이해하지는 못한 이들이 많았던 것이 사실입니다.

NFT는 '대체불가능한 토큰(non fungible token)'의 약자입니다. 지금까지 디지털 데이터는 복제 가능하므로 당연히 대체할 수 있다고 여겨졌습니다. 그러나 블록체인 기술을 적용함으로써 디지털이지만 대체할 수 없는, 다시 말해 유일무이한 가치를 지닌 존재가 등장했습니다. 이에 대해서는 2장에서 다루도록 하겠습니다. 앞으로는 예술작품만이 아니라 다양한 분야에 NFT가 도입돼 고유의 가치를 지닌 존재를 만드는 시도가 늘어날 것입니다.

나아가 현실에는 돈으로 환산할 수 없는 가치가 적지 않습니다. 예컨대 누군가의 선행이나 학위 같은 것이 그렇죠. NFT 시스템을 이용하면 이런 것들 역시 하나의 가치로 다룰 수 있습니다. 심지어 인간의 마음과 열정, 신앙심 같은 가치를 가시화할 수도 있습니다.

이러한 변화가 머지않아 현실이 될 것입니다.

시대의 변화에 뒤처지지 않기 위해서는 두 가지가 반드시 필요합니다. 하나는 새로운 테크놀로지를 이해하는 '리터러시(literacy)'이고, 다른 하나는 그 기술로 사회가 어떻게 변화하는지를 그려내는 '비전'입니다. 테크놀로지가 만들어가는 새로운 시대를 어떻게 이해하고 어떤 자세로 받아들여야 하는지, 이 책에서 힌트를 얻을 수 있기 바랍니다.

이토 조이치

서장 web3, 메타버스, NFT로 세계는 이렇게 달라진다

1장 일하는 방식 : 조직이 아니라 프로젝트로 일한다

2장 부의 원천 : '열정'이 자산이 된다

3장 나 : 몸, 마음, 시공간의 제약에서 자유로워진다

4장 교육 : 학력지상주의가 종언을 고한다

[서장]

web3, 메타버스, NFT로
세계는 이렇게 달라진다

간단히 살펴보는 웹 혁명사

인터넷 여명기를 떠올려보면, 그때는 그저 '연결'된다는
사실 자체가 신기하고 설렜습니다. 그때의 설렘이 web3로
다시 살아난 것 같습니다. 앞서 web3가 분산형 자율조직
을 촉진할 것이라고 말씀드렸는데요. 어떤 과정을 거쳐 그
렇게 되는지, 그 의미는 무엇인지를 웹의 여명기부터 간단
히 살펴보며 음미해보고자 합니다.

Web1.0, Web2.0, web3는 무엇이 얼마나 다를까요? 이들이 결과적으로 기존의 무엇을 파괴했는지, 즉 '혁신의 대상'부터 비교해보겠습니다.

웹 이전에 인터넷 여명기가 있었습니다. 인터넷이라는 획기적인 테크놀로지에 의해 글로벌 네트워크가 등장했습니다. 그러나 실제로는 이메일을 통해 연결되는 정도였을 뿐 '웹'이라 부를 만한 네트워크는 존재하지 않았습니다. 일반 대중은 접근하기 어려웠고 주로 대학이나 연구기관을 연결하는 정도였습니다. 말하자면 '인터넷 0'의 시기라 할까요.

일본의 통신분야는 이 시기에 혁명적 변화를 겪었습니다. 당시 일본의 통신산업은 NTT(일본전신전화주식회사)가 사실상 독점하고 있었습니다. 그러다 'NTT의 다크 파이버(미사용 회선) 개방'과 '접속료 언번들링(unbundling, PC·인터넷·회선 접속회사 등을 별개의 사업자로 나누는 것)' 등의 정책이 시행되면서 다른 기업도 인터넷 사업에 참여할 수 있게 되었습니다.

이러한 토대 위에 시작된 것이 Web1.0입니다. 이번에는 미디어와 광고업계에 혁명이 일어났습니다.

Web1.0은 '연결'이라는 개념으로 표현하는 경우가 많습니다. 브라우저(웹사이트를 PC 또는 스마트폰으로 볼 수 있게 해주는 소프트웨어)만 있으면 누구나 정보를 공개할 수 있고, 누구나 정보에 접근할 수 있게 됐습니다. 망처럼 퍼져 있는 웹을 통해 인터넷이 정보의 발신자와 수신자를 '연결'했습니다.

그전까지는 정보를 공개하는 경로가 종이매체인 출판물이나 신문, 전파로 발신하는 방송뿐이었습니다. 그런데 Web1.0에서는 출판사와 방송국 등의 중개 단계를 거치지 않고 홈페이지를 통해 발신자와 수신자가 직접 연결된 것입니다. 많은 사람을 한꺼번에 웹으로 불러들이면서 '광고'가 웹의 비즈니스 모델로 정착되기도 했습니다. 그 밖에 전자상거래(e-commerce)의 등장도 Web1.0 시대의 중요한 변화입니다.

이어서 Web2.0 시대가 도래했습니다. 주로 '쌍방향(in-teractive)'이라는 개념으로 대표되는 이 시기에는 포털사이트를 뒤흔드는 혁명이 일어났습니다.

포털사이트는 말하자면 다양한 콘텐츠로 연결되는 '입구' 같은 존재입니다. 사용자는 먼저 포털사이트를 방문하고, 그곳에서 자신이 원하는 콘텐츠를 찾아가죠. 정보의 발신자와 수신자를 직접 연결한 Web1.0 시대에는 야후를 필

두로 다양한 포털사이트가 유행했습니다. 이후 웹 콘텐츠가 세분화됨에 따라 검색 키워드에 맞춰 웹문서(페이지) 단위로 연결한 구글 등의 검색엔진이 힘을 얻었고요.

그러다 Web2.0 시대가 되면서 포털사이트는 점차 힘을 잃었습니다. '정보 발신자→수신자'라는 일방적인 흐름만 존재했던 Web1.0 단계를 지나 사용자가 주체가 되는 쌍방향 웹 공간이 등장했기 때문입니다. 바로 SNS(Social Network Service)라 불리는 소셜미디어입니다. Web2.0 시대에는 누군가 일방적으로 정보를 발신하는 것이 아니라, 불특정다수가 각자 의견을 밝히거나 체험을 공유할 수 있게 되었습니다.

예를 들어볼까요. 과거에는 먼저 포털사이트를 방문해서 그곳에서 궁금했던 뉴스의 링크를 클릭했죠. 그러나 이제는 트위터 등의 SNS에서 본인이 팔로우하는 인물이나 매체가 공유한 링크를 클릭해서 뉴스를 읽습니다. 책을 읽고 계신 여러분도 요즘은 이런 방법으로 정보를 접하는 경우가 많을 것입니다. 많은 이들이 맛집 검색에 활용하는 각종 후기사이트도 일종의 소셜미디어인데, 이곳에 올라오는 식당 후기는 권위적인 누군가가 일방적으로 가치를 매긴 것이 아닙니다. 식당을 방문한 개인의 후기가 쌓여 그 식당의 실력을 평가합니다(예를 들어 별 3.5처럼). 이렇듯 Web2.0

에서는 정보에 접근하는 입구가 포털사이트에서 소셜미디어로 이동했습니다.

　반면 공통점도 있습니다. '사용자를 한 곳에 가둬두는' 구도는 Web1.0의 포털사이트나 Web2.0의 소셜미디어나 마찬가지입니다. 야후도 구글도 트위터도 페이스북도, 사용자를 자신의 울타리 안에 가두고 지배하는 플랫폼이라 할 수 있습니다.

　그런데 이런 상황에 극적인 변화가 일어나고 있습니다. 바로 web3를 통해서입니다.

web3의 키워드는 '분산'

web3가 Web1.0 그리고 Web2.0과 결정적으로 다른 점은 한마디로 탈중앙화, 즉 분산적이라는 것입니다.[1]

금융 시스템과 조직 거버넌스를 비롯한 모든 분야에서

---

1) 이 책에서 일반적으로 사용하는 용어인 'Web 3.0'이 아니라 'web3'라는 표기를 사용하는 이유는 web3의 탈중앙화/분산적 의미를 나타내기 위해서다. 저자는 자신의 유튜브 채널에서 크립토 커뮤니티를 중심으로 전개되는 움직임을 월드와이드웹 컨소시엄(World Wide Web Consortium) 등의 기득권 세력이 개발을 주도해온 Web3.0과 구별하기 위해 소문자로 표기한다고 설명했다. (옮긴이)

분산화가 일어나고 있다는 것이 web3의 놀라운 점입니다. 사용자를 한 곳에 가둬두는 플랫폼 제국이 힘을 잃고 있다는 뜻이기도 합니다.

그 변화를 좀 더 자세히 들여다 볼까요? 이 책에서는 기술적인 설명은 과감히 생략했지만, 이해를 돕기 위해 여기서는 잠깐 짚고 넘어가겠습니다.

인터넷은 크게 '프로토콜 레이어'와 '애플리케이션 레이어'로 나누어 살펴볼 수 있습니다. 프로토콜이란 컴퓨터끼리 통신할 때의 절차를 시스템화한 것, 말하자면 인터넷 인프라입니다. 일례로 인터넷 주소창에서 한 번씩 보게 되는 'HTTP'는 하이퍼텍스트 전송 프로토콜이고, 'FTP'는 파일 전송 프로토콜을 뜻합니다.

애플리케이션 레이어는 이러한 인터넷 시스템을 이용해 사람들에게 다양한 서비스를 제공하는 층위입니다. 우리가 수도와 가스 같은 사회기반시설 위에 일상생활을 하듯이, 프로토콜 레이어라는 기술 인프라 위에 우리가 일상적으로 사용하는 구글이나 페이스북 등의 애플리케이션 레이어가 존재합니다.

Web1.0과 Web2.0은 애플리케이션 레이어에 돈이 몰린 시대였습니다. 흔히 세계를 지배하는 주요 기업으로 구글,

아마존, 페이스북(지금의 메타), 애플 등 이른바 'GAFA'가 꼽히는 반면 프로토콜 관련 기업은 언급되지 않았다는 사실에서도 확인할 수 있습니다.

web3에서는 이 구도가 역전됩니다. 그야말로 중앙집중형 플랫폼이 뒤집히는 혁명이 일어나고 있는 것입니다(〔도표1〕 참조).

web3의 주요 인프라는 블록체인 기술입니다. 블록체인이란 간단히 설명하면 '암호기술을 이용해 결제(지불) 등의 거래이력(transaction)을 한 줄의 체인처럼 연결하여 기록'하는 기술입니다. 그 기록은 누구나 열람 가능하고요.

〔도표1〕 웹 진화단계별 레이어의 가치 비중 차이

Web1.0/Web2.0

web3

web3의 대표적 프로토콜 레이어인 이더리움(Ethereum)이나 비트코인에도 블록체인 기술이 적용됩니다.

그리고 그 위에 NFT게임 액시인피니티(Axie Infinity)나 NFT 마켓플레이스인 오픈시(OpenSea) 같은 애플리케이션 레이어가 작게 존재합니다. 이더리움이나 비트코인에 비해 생소한 이름이죠? 이처럼 Web1.0, Web2.0 시대와는 반대로 애플리케이션 레이어보다 프로토콜 레이어가 대중적으로 더 많이 알려지고 돈도 더 많이 몰리는 것이 web3의 특징입니다.

'돈이 몰린다'고 했지만, 우리가 주목할 지점은 어느 레이어에 돈이 많은지가 아닙니다.

애플리케이션 레이어의 힘이 강했던 시기에는 특정 플랫폼에 구축한 네트워크, 특정 플랫폼에서 이루어진 거래를 외부의 다른 플랫폼으로 옮기는 것이 기본적으로 불가능했습니다. 일례로 페이스북에서는 페이스북 계정을 만들고, 트위터에서는 트위터 계정을 만드는 등 SNS마다 계정을 따로 만들죠. 어떤 사람을 팔로우하거나 누군가가 나를 팔로우하는 네트워크를 구축할 수 있지만, 그 네트워크를 다른 SNS로 옮길 수는 없습니다. 개인의 네트워크라도 그것은 개인의 소유물이 아니라 데이터로서 플랫폼의 소유물이기 때문입니다.

그러나 web3에서는 본인의 거래기록인 토큰, 예컨대 소유하고 있는 디지털아트의 NFT 등이 모두 블록체인에 기록됩니다. 블록체인은 어디까지나 인프라일 뿐 어떤 애플리케이션의 소유물도 아니므로 애플리케이션에 묶이지 않고 디지털아트를 자유롭게 옮길 수 있습니다.

여러분이 오픈시에서 디지털아트를 샀다고 가정해봅시다. Web2.0까지의 세계관에서는 오픈시에서 구매한 디지털아트는 오픈시에서만 취급할 수 있었습니다. 그러나 web3는 구매한 시점에 디지털아트의 토큰이 구매자의 월렛(블록체인에 기록된 토큰을 넣어두는 '지갑')으로 들어갑니다. 즉 구매한 개인의 '소유'가 되는 것입니다. 물론 개인의 월렛에 접속하면 오픈시에서 구매한 디지털아트를 다른 NFT 마켓플레이스에서도 취급할 수 있습니다.

이렇게 프로토콜 레이어가 두터워지고 상대적으로 애플리케이션 레이어가 얇아지며 플랫폼 장벽을 쉽게 넘나들 수 있게 되었다는 사실은 무엇을 의미할까요?

한마디로 사용자를 가두는 플랫폼의 힘이 약해질 수 있다는 뜻입니다.

하나의 공간을 제공하고 그곳으로 사용자를 불러 모으는

Web1.0과 Web2.0의 플랫폼은 상당히 중앙집권적이었습니다. 반면 플랫폼을 약화시키는 web3는 플랫폼과 사용자의 관계성을 탈중앙화합니다. web3를 통해 플랫폼의 구속에서 해방된다고도 표현할 수 있습니다.

web3가 만드는
새로운 경제권

　web3에서는 '크립토 이코노미(crypto economy)'라는 새
로운 경제권이 형성됩니다.

　이 경제권에서는 미국달러 등 각국의 법정통화(FIAT)가
아닌 크립토(crypto, 암호화폐, 가상통화 또는 토큰)가 유통됩
니다. 자세한 내용은 뒤에서 설명하겠지만, 최근 화제인
NFT도 크립토 이코노미에서 유통되는 토큰의 한 종류입
니다.

이 경제권의 독자적 금융서비스로는 암호화폐를 보관하면 자율적으로 운용되는 '디파이(DeFi)'가 있습니다. 그리고 독자적 거버넌스 형태로는 토큰 거래를 통해 프로젝트나 애플리케이션(DApps)을 운용하는 무수히 많은 DAO가 존재합니다. 정리해볼까요.

- 디파이(DeFi) : 분산형 금융(Decentralized Finance)
- 댑스(DApps) : 분산형 애플리케이션(Decentralized Applications)
- 다오(DAO) : 분산형 자율조직(Decentralized Autonomous Organization)

정리하고 보니 다 첫 글자가 D군요. 이 밖에도 크립토 이코노미에는 D로 시작하는 용어가 많습니다. 여기서 다시 확인할 수 있듯이 크립토 이코노미의 공통된 컨셉은 '분산(decentralized, 탈중앙화)'입니다.

법정통화의 세계, 즉 피아트 이코노미(FIAT economy)에서는 경제와 정치가 국가라는 상위체계의 관리 아래 작동합니다. 기업 등의 조직 운영도 경영자가 관리하는 톱다운 방식으로 결정됩니다. 모든 것이 중앙집중식입니다. 이와 달리 수많은 프로젝트가 중앙집권적 관리자 없이 개인과 조직, 자산이 분산돼 자율적으로 돌아가는 경제권이 바로 크립토 이코노미입니다(〔도표2〕참조).

　가상통화가 통용되는 경제권이라니, 읽으면 읽을수록 현실과 동떨어진 '수상한 세계'라며 멀리하려는 분이 있을지도 모르겠습니다. 그러나 이미 우리 곁에 다가온 web3라는 트렌드를 파악하고, 참여하고, 그 재미를 제대로 음미하기 위해서는 크립토 이코노미가 출현하게 된 과정을 반드

〔도표2〕 피아트 이코노미에서 크립토 이코노미로

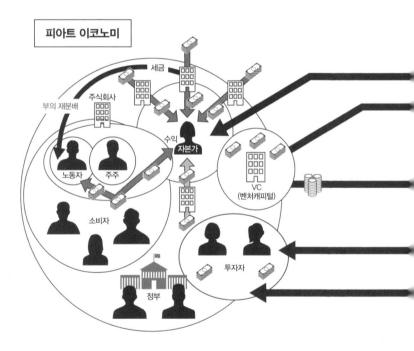

시 이해해야 합니다.

　앞에서 web3의 중요한 인프라는 블록체인이라고 이야기했습니다. 가상통화라고 하면 블록체인 기술을 이용한 비트코인을 떠올리는 분들도 많을 테고요.

　역사를 조금 거슬러 올라가 보면, 사토시 나카모토라는 인물이 블록체인 이론을 주창한 것은 2009년 1월의 일이었습니다. 그때부터 2016년 무렵까지를 비트코인의 초

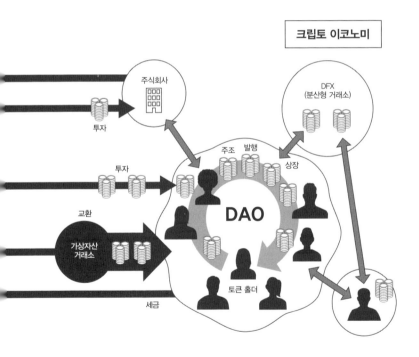

크립토 이코노미

주식회사

투자

DFX
(분산형 거래소)

투자

주조　발행

상장

DAO

교환

가상자산
거래소

토큰 홀더

세금

창기로 봅니다. 그런데 이상하죠? 이미 10여 년 전에 블록체인 이론과 가상통화가 존재했는데, 어째서 2022년이 'web3 원년'이 되었을까요?

결론부터 말씀드리면, 2022년에 토큰 전체의 시가총액이 급격히 증가하고 토크노믹스(Tokenomics)를 형성하는 조건이 갖춰졌기 때문입니다.

먼저 2021년 들어 NFT가 세계적으로 큰 화제를 모았습니다. 앞서 소개했듯이 비플(Beeple)이라는 디지털아티스트의 작품이 그해 3월에 크리스티 온라인 경매에서 6930만 달러에 낙찰돼 단숨에 세계인의 관심을 끌었습니다.

한순간에 관심이 높아진 데에는 엄청난 금액도 한몫했겠지만, 가장 큰 이유는 '이해하기 쉬워서'일 것입니다. '비플이라는 디지털아티스트의 NFT아트가 유명 경매에서 고가에 낙찰되었다' '아홉 살 아이가 그린 디지털아트〈좀비 주(Zombie Zoo)〉의 거래총액이 4000만 엔에 달한다' '큰 인기를 끌고 있는 NBA톱샷(NBA Top Shot)[1]에서는 NBA 선수의 명장면 NFT가 트레이딩 카드(trading card)로

---

1) NBA 경기 장면을 담은 동영상을 구매할 수 있는 NFT 마켓플레이스. (옮긴이)
2) 가상화폐를 사용한 자금조달 수단인 가상화폐공개(ICO, Initial Coin Offering)가 큰 주목을 받은 시기. 관련 사기도 많이 발생했다. (옮긴이)
3) 가상화폐공개를 계기로 발생한 '가상화폐 거품'이 붕괴하고 상장이 침체된 시기. (옮긴이)
4) 다양한 디파이 프로젝트가 탄생하고 급성장한 시기. (옮긴이)

[도표3] web3의 역사

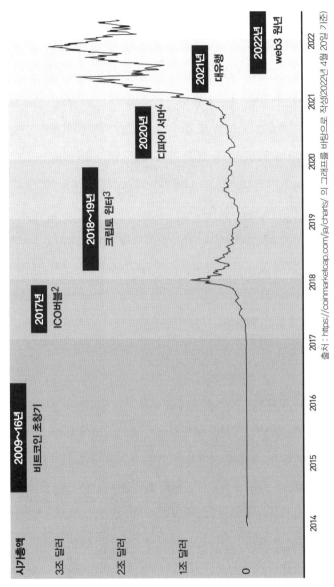

시기총액

3조 달러

2조 달러

1조 달러

0

2014 2015 2016 2017 2018 2019 2020 2021 2022

2009~16년
비트코인 초창기

2017년
ICO버블[2]

2018~19년
크립토 윈터[3]

2020년
디파이 서머[4]

2021년
대유행

2022년
web3 원년

출처 : https://coinmarketcap.com/ja/charts/ 이 그래프를 바탕으로 작성(2022년 4월 20일 기준)

거래되고 있으며, 고가의 카드는 가격이 수십만 달러에 이른다.'

이처럼 NFT와 관련된 화젯거리는 영상과 사진이 '그럴 듯해 보이기' 때문에 미디어도 좋아하고, 그 결과 '블록체인' '가상화폐'라는 주제에 관심 없던 사람들에게도 단숨에 퍼져나갔습니다. 2021년의 NFT 대유행은 이해하기 쉽다는 NFT의 특성이 미디어라는 확성기를 통해 널리 전해진 결과라 할 수 있습니다.

어찌되었든 이때의 NFT 대유행을 계기로 2022년부터 본격적으로 web3 시대가 시작된다고 기대를 모았습니다. 이것이 2022년을 'web3 원년'이라 부르는 이유입니다. 〔도표3〕을 보면 토큰 전체의 시가총액이 급격히 증가했다는 말이 결코 과장이 아님을 알 수 있습니다.

토큰 전체의 시가총액이 급격히 증가했다는 것은 그만큼 많은 자금이 크립토 이코노미로 흘러들었다는 뜻입니다.

현재 전 세계의 이더리움 고유 주소는 약 2억 개에 이릅니다. 한 사람이 여러 주소를 보유했을 가능성도 있지만, 기계적으로 환산하면 78억 세계 인구의 약 2.5%가 크립토 이코노미에서 어떤 형태로든 경제활동을 하고 있다는 뜻입니다. 세계 인구의 2.5%라면 Web1.0 시대였던 1998년

윈도우즈98이 출시될 무렵의 인터넷 사용자 비중과 비슷합니다. web3는 아직 여명기인 만큼 앞으로 크립토 이코노미로의 인구이동은 점점 가속화될 것입니다.

여기에서 언급하지 않을 수 없는 일본의 특수한 상황이 있습니다. 크립토 이코노미로 유입된 자금이 좀처럼 피아트 이코노미로 돌아가지 않는다는 점입니다. 암호화폐를 법정통화로 되돌리는 과정에 가상자산거래소에 수수료를 지불해야 하는 데다, 피아트 이코노미로 돌아간 자금에는 최대 55%의 세금이 붙기 때문입니다. 주식투자 수익에 부과하는 세금이 최대 20.315%인데, 이와 비교해도 유독 암호화폐의 세금이 무겁습니다.

가상자산거래소와 세금 등 두 단계에 걸쳐 자산이 줄어들기 때문에, 크립토 이코노미에서 자산을 늘린 사람은 굳이 법정통화로 돌아가지 않고 관심 있는 프로젝트 DAO의 토큰과 NFT에 투자하거나, 디파이에 넣어 운용하고 있습니다. 크립토 이코노미로는 계속 자산이 흘러드는 반면, 피아트 이코노미로 돌아가는 흐름은 그다지 나타나지 않고 그 안에서 순환하는 것이죠. 관련 세법 개정 논의가 이 책을 쓰는 중에도 계속되고 있으므로 전향적인 변화가 있기를 기대합니다.

web3는
'토큰'이 오가는 세계

이번에는 앞에서도 계속 등장한 '토큰'에 대해 알아보겠습니다. 토큰은 web3라는 거대한 생태계(ecosystem)를 이해하기 위해 반드시 알아야 할 개념입니다. 우선 도표로 정리해보았습니다(〔도표4〕 참조).

토큰은 크게 펀저블 토큰(대체 및 교환 가능한 토큰)과 논펀저블 토큰(대체 및 교환 불가능한 토큰)으로 분류할 수 있습니다.

토큰

펀저블 (Fungible)	논펀저블 (Non-Fungible)
수량과 품질이 동등한 상품과 대체(교환) 가능	수량과 품질이 동등한 상품과 대체(교환) 불가능

통화
(Currency)

가치의 교환 · 척도 · 축적

증권
(Security)

가치의 표현 · 분배 · 통치

NFT

가치의 상징 · 사용

• 스테이블 코인 • 페이먼트 토큰 • 거버넌스 토큰	• 스킨(애플리케이션 캐릭터의 외모와 복장 등 겉모습) • 버추얼 아이템 • 예술작품 • 수집품 • 가상토지

펀저블 토큰은 크게 통화적 성격의 토큰과 증권형 토큰으로 나뉩니다. 통화적 성격의 토큰으로는 '스테이블 코인(stable coin)'과 '페이먼트 토큰(또는 유틸리티 토큰)'이라 불리는 것들이 있습니다.

비트코인이나 이더는 가격의 변동 폭이 커서 '돈'으로 사용하기는 어렵습니다. 그래서 미국달러 등의 법정통화에 가격을 고정함으로써 가상화폐 가격을 안정시키고자 설계된 것이 스테이블 코인입니다. 다른 가상통화와의 교환 비율을 고정하고, 알고리즘으로 코인의 통화량을 조정하는 등의 다양한 시스템이 존재합니다.

페이먼트 토큰(payment token)은 단어 뜻 그대로 결제에 사용됩니다. 피아트 이코노미에서 '돈'과 같은 기능을 한다고 생각하면 이해하기 쉬울 것입니다.

증권형 토큰으로는 '거버넌스 토큰(governance token)'이 있습니다. 거버넌스 토큰은 본인이 참여한 DAO의 투표권이 되기도 하고, 이익을 분배받는 권리가 되기도 합니다. 법적인 정의에 대해서는 지금도 세계적으로 폭넓은 논의가 이루어지고 있습니다만, 우선은 의결권이나 주주배당과 비슷한 기능을 한다는 점에서 피아트 이코노미의 '주식'과 흡사하다고 이해하시면 될 듯합니다. 프로젝트가 성장하고 DAO의 가치가 올라가면 보유한 토큰의 가치도 올라갑니다. 이때 토큰을 주식처럼 매각하면 캐피딜게인(capital gain)을 얻을 수도 있고요. 이런 특성 때문에 거버넌스 토큰을 증권형 토큰이라 부릅니다.

한편 논펀저블 토큰, 즉 NFT는 예술작품과 게임 아이템,

트레이딩 카드 등 수집품, 디지털 패션, 나아가 가상토지 등 '대체불가능한 가치'를 나타내는 토큰입니다. 현실세계의 각종 '증명서'와 유사하다고 할까요. 아직까지는 깜짝 놀랄 가격이 붙은 디지털아트에만 관심이 쏠리고 있지만, NFT는 크립토 이코노미 내에서 유통되거나 보유하는 제반 가치를 입증한다는 사실을 정확히 이해하는 것이 중요합니다.

web3란 결국 통화적 토큰과 증권형 토큰 그리고 NFT, 이 세 종류의 토큰이 오가는 세계입니다.

예를 들어 개인이 보유한 토큰과 스테이블 코인을 묶어 디파이에 넣어두면, 그곳에서 거래소의 유동성이 발생합니다. 디파이에서는 토큰 간의 스와프(교환)가 자동으로 시시각각 이루어지고, 토큰 보유자는 이자나 배당 등 인컴게인(income gain)과 수수료 수입 등을 얻을 수 있습니다.

또는 '농어촌의 빈집 문제를 해결합시다'라는 프로젝트 DAO의 취지에 공감해 참여하기로 했다고 가정해봅시다. 참여하기 위해서는 해당 DAO가 발행하는 거버넌스 토큰만 구매하면 됩니다. DAO에는 '주주' '경영자' '종업원' 같은 구분이 없습니다. 모두가 '토큰 홀더'라는 점에서 동등합니다. 톱다운 방식으로 의사결정이 이루어지지도 않습니다. 토큰을 가지고 있으면 해당 DAO에서 진행하는 의결에 투표할 수 있습니다. 다시 말해 거버넌스에 참여할 권리가 생기는 것입니다. 물론 처음에는 DAO를 만든 사람들을 중심으로 일이 진행되지만, 기존의 기업조직에서 보이는 상하관계는 존재하지 않습니다. 모든 일은 참가자 전원이 참여하는 민주적 방식으로 결정됩니다.

참고로 토큰은 커뮤니티의 다른 구성원에게 양도할 수도 있습니다. DAO에서 본인이 잘 모르는 분야에 대한 의결이 진행된다면, 해당 분야의 전문가에게 직접 투표권을 위임하는 식이죠. 다수에 의한 투표는 때때로 비전문적인 중우정치에 휩쓸리기 쉽습니다. 이때 각 분야 전문가에게 위임할 수 있는 시스템이 있다면, 전문가들에게 논의가 집약되어 더 바람직한 결정을 내릴 수 있습니다. 본인의 투표권을 누구에게 위임할지 스스로 결정하기 때문에 민주주의 원칙도 유지할 수 있습니다. 투표권을 위임하더라도 DAO의 가치가 올라가면 보유한 토큰을 매각해서 캐피털 게인을 얻을 수 있는 것은 물론이고요.

NFT 마켓플레이스에서는 원하는 NFT를 구매하고 가치가 오르면 매각합니다. 이때도 크립토 이코노미 내에서 자금의 순환이 발생합니다. 물론 NFT의 가치는 대체불가능하기에 매각하지 않고 영원히 소유하려는 경우도 많습니

다. NFT 디지털아트를 소장하며 감상하거나, SNS의 프로
필 아이콘으로 사용하는 식이죠.

NFT의 핵심은
'소유'보다는 '참여'

　이렇듯 다양한 가치를 제공하는 토큰을 발행하는 토대가 바로 '이더리움'입니다. 이더리움은 비트코인과 마찬가지로 블록체인을 기반으로 한 암호화폐 프로그램입니다. 그러나 기반은 같더라도 두 화폐가 탄생한 사상적 배경은 사뭇 다릅니다.

　비트코인은 세계 최초로 블록체인을 이용해 개발한 암호화폐입니다. 이 획기적 발명품이 등장한 배경에는 국가의 통제를 벗어나고자 하는 자유지상주의(libertarianism)적 발상이 존재합니다. 완벽한 보안하에 절대적인 분산화를 추구하는 가상통화라 할 수 있죠.

한편 2015년 등장한 이더리움이 불러온 변화는 비트코인과는 다른 의미에서 획기적입니다.

여기서 반드시 알아두어야 할 것은 '커뮤니티'의 역할이 중요해진 web3의 특성입니다. 통화적/증권형 펀저블 토큰과 NFT가 오가는 web3의 세계관은 '커뮤니티에 뿌리를 둔' 이더리움의 등장으로 비로소 성립되었다고 할 수 있습니다.

언젠가 뱅크리스(BANKLESS)라는 팟캐스트에서 비트코인 지지자와 이더리움 지지자가 벌이는 흥미로운 논쟁을 들은 적이 있습니다. 간단히 정리하면 다음과 같습니다. 비트코인 지지자가 '(비트코인보다 보안이 취약한) 이더리움이 실패하면 어떻게 할 것인가?'라고 질문하자, 이더리움 지지자는 '상의해서 해결한다'고 대답했습니다. 그러자 비트코인 지지자는 '그것을 무신뢰성(trustless)이라 할 수 있느냐'고 반박했습니다.

이 논쟁의 무엇이 흥미로운가 하면, 서로 믿는 것이 다르다는 점입니다. 비트코인 지지자가 말하는 '무신뢰성'이란

'아무도 믿지 않는다'라는 가치관입니다. 즉 특정 단체나 제삼자의 보증이나 인정을 필요로 하지 않는 것이죠. 무신뢰성이라는 신념 위에 이들은 견고한 보안을 구축하고 탈중앙화를 실현했습니다. 반면 이더리움 지지자는 탈중앙화된 커뮤니티의 존재를 대전제로 삼고 '무슨 일이 생기면 커뮤니티에서 상의해 해결하면 된다'라고 생각합니다. 이런 점에서 이 둘의 사고방식은 근본부터 다릅니다.

또한 비트코인 지지자의 미학은 '사서 팔지 않는' 것이지만, 이더리움 지지자는 이더리움 표준으로 발행된 다양한 토큰을 활발하게 사고팝니다. 예를 들어 자신의 NFT아트를 판매해 손에 넣은 이더로 다른 작가의 작품을 구매하는 등, 아티스트 사이에도 활발한 투자가 이루어지고 있습니다. 이런 모습에서도 동료와 함께 성장한다는, 말 그대로 '커뮤니티에 뿌리를 둔' 이더리움의 가치관을 확인할 수 있습니다.

무신뢰성과 분산적 성격이 강한 비트코인은 지금까지 주로 '통화'로만 기능했습니다. 이더리움에 비해 프로그램 언어를 사용한 운용 및 관리가 어려워 개발이 쉽지 않았기 때문입니다. 지금은 이더리움에서 가능한 작업을 비트코인에서도 할 수 있도록 개발하는 이들도 있습니다.

반면 이더리움은 비트코인처럼 통화적 기능에 자신을 가두지 않습니다. '스마트 콘트랙트(smart contract, 거래 조건을 만족시키면 당사자 간에 자동으로 거래가 체결되는 블록체인 기반의 전자계약 서비스)' 등의 시스템을 갖춘 덕분에 이더리움은 다양한 애플리케이션 개발이 가능합니다. 한마디로 비트코인은 통화이고, 이더리움은 통화인 동시에 인프라입니다.

DAO, NFT, 디파이 등 web3를 구성하는 요소는 모두 이더리움이라는 인프라가 있기에 가능합니다. 말하자면 이더리움은 블록체인을 기반으로 커뮤니티에 뿌리를 둔 크립토 이코노미를 만들어냄으로써 '분산화'가 핵심인 web3의 다양한 경제·사회활동을 가능하게 한 것입니다(〔도표5〕 참조). 현재는 이더리움 외에도 차별화된 기술적 접근을 시도한 블록체인이 여럿 등장해 인프라로 기능하고 있습니다.

이렇듯 커뮤니티 관점에서 web3와 NFT를 바라보면 웹 변천사의 의미가 한층 뚜렷하게 다가옵니다.

Web1.0에서는 지구적 차원의 '읽기(read)'가, Web2.0에서는 '쓰기(write)'가 가능해졌습니다. 그리고 web3에서는 '참여(join)'가 가능합니다. 대개 web3에서는 '소유(own)'

〔도표5〕 web3 생태계

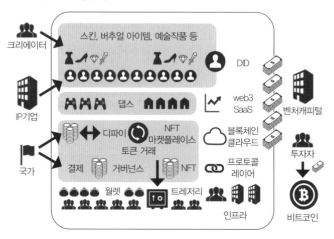

라는 단어를 사용하지만, 저는 '참여'가 본질이라고 생각합니다.

이렇게 보면 Web1.0, Web2.0, web3로 진화하면서 우리가 할 수 있는 일이 '변화'했다기보다는 '확장'되었다고 생각하는 것이 맞을 듯합니다.

읽고 쓰는 것은 이미 일상적으로 하는 행위이니 새삼스러울 것이 없습니다. 그렇다면 web3에서 우리는 어떤 '참여'를 하고 있을까요?

가장 먼저 떠오르는 것은 DAO입니다. web3에서는 하나의 목적 아래 DAO를 만들고 동료를 모읍니다. 그렇게 모인 사람들이 하나의 커뮤니티를 이뤄 다양한 안건을 상의하고 결정하고 각자의 책임을 다하면서 프로젝트를 운영해 나갑니다. 이것이야말로 진정한 의미의 커뮤니티 참여라 할 수 있습니다.

　DAO에서도 참가자 개개인은 '일'을 하지만, 기존 피아트 이코노미에서 회사 등의 조직에 소속되어 일하는 것과는 성격이 전혀 다릅니다. 무엇보다 DAO에는 주주, 경영자, 종업원이라는 구분이 없습니다. '누군가를 고용하고 모든 것을 결정하는 사람'과 '고용되어 결정에 따르는 사람'으로 나뉘지 않고, 모두가 주인의식을 가지고 자기 나름의 방식으로 프로젝트에 참여하고 기여하는 형태로 운영됩니다.

　그래서일까요, web3 세계에서는 자주 '와그미(WAGMI)'라는 말을 주고받습니다. '우리라면 할 수 있다(We are gonna make it 또는 We're all gonna make it)'라는 문장의 약자입니다. '누군가는 지시하고, 누군가는 따른다'는 분위기가 전혀 느껴지지 않죠. '구성원 모두의 힘을 모아 해내자. 반드시 할 수 있어!'라는 연대의식이 담긴, 너무나도 web3다운 표현입니다.

　NFT도 본질적으로는 커뮤니티 참여가 핵심입니다.

단순히 디지털아트를 구매하는 행위로는 작가와 구매자 개인 사이의 관계성만 발생합니다. 구매하고 나서는 개인적으로 감상하는 예술품이라고만 생각하기 쉽습니다.

그러나 NFT는 다릅니다. 예를 들어 '지루한 원숭이 요트 클럽(Bored Ape Yacht Club, 이하 '지루한 원숭이')'의 PFP(profile picture, 프로필 이미지) NFT를 구매하는 행위는 곧 '지루한 원숭이 커뮤니티'에 참여하는 것을 의미합니다. 실제로 지루한 원숭이라는 디지털아트의 PFP를 보유한 사람들은 지루한 원숭이가 주최하는 이벤트에 참여하거나, 지루한 원숭이와 콜라보한 기업의 NFT를 먼저 구매할 수 있는 등의 다양한 특전을 누립니다. 그저 디지털아트를 소유하는 것에 그치지 않고, 소유 자체가 특별한 커뮤니티의 멤버십으로 기능하면서 다양한 혜택으로 이어지는 것이죠.

예술작품만 그런 것이 아닙니다. NFT의 대체불가능성이 디지털아트와 잘 맞아서 디지털아트 분야가 가장 먼저 활성화되었을 뿐, NFT로 구현할 수 있는 영역은 이외에도 많습니다. 예를 들어 커뮤니티에서 누군가 좋은 일을 하면 NFT 배지를 준다고 가정해봅시다. 의도야 어떻든 결과적으로 NFT 배지는 커뮤니티에서의 행동을 블록체인에 기록한 셈이 됩니다. 그렇다면 당사자에게 배지는 '소유물'이

라기보다 그 커뮤니티에 '참여'하고 있다는 하나의 증표가
될 것입니다. '나는 이 커뮤니티에 참여하고 있고, 이런 기
여를 했다'는 증표 말이죠.

누구나 메타버스에서
소통하고 거래한다

앞에서도 말씀드렸듯이 이 책의 주요 키워드는 web3, 메타버스, NFT입니다. web3라는 인터넷 단계에서 이더리움에 의해 확립된 토큰이 순환하는 크립토 이코노미라는 새로운 경제권이 형성되었고, 2021년에 크게 유행한 NFT도 토큰의 한 종류라고 설명드렸죠.

이제 남은 키워드는 메타버스입니다.

메타버스라고 하면 '가상현실'을 떠올리는 경우가 많지만, 본래 의미는 훨씬 포괄적입니다.

메타버스라는 단어는 미국의 소설가이자 제 친구이기도 한 닐 스티븐슨(Neal Stephenson)이 1992년 발표한 소설 《스노 크래시(Snow Crash)》에서 처음 등장했습니다. 소설은 연방정부가 힘을 잃은 가까운 미래의 미국을 배경으로, 온라인상에 구축된 가상공간 '메타버스(Metaverse)'에서 살아가는 사람들을 그리고 있습니다. 어떤 사람은 개인 컴퓨터로 접속하고, 어떤 사람은 거리의 공중단말기로 접속하는 등, 각자의 방식으로 들어갈 수 있는 가상세계가 소설이 그려낸 메타버스입니다.

묘사만 보면 가상현실과 비슷하죠. 그러나 소설 속 메타버스는 단순한 가상현실을 넘어 모든 사람이 자유롭게 참여해 소통하거나 물품과 금전을 거래하는 공간입니다. 다시 말해 가상세계를 가상현실로 만들어냈다는 것보다는 온라인상의 가상세계에 누구나 자유롭게 참여한다는 점이 메타버스 본래의 정의에서는 더 중요합니다.

이러한 특성을 바탕으로 메타버스를 이해한다면, 흔히 떠올리는 가상현실은 물론이고 디스코드(Discord) 같은 메신저, 각종 3D 및 2D 게임, SNS 나아가 이메일 또한 넓은 의미의 메타버스로 볼 수 있습니다. 물론 단순한 커뮤니케이션 공간까지 모두 메타버스로 분류해버리면 범위가 지나치게 확장되지만 말이죠.

또한 web3 세계에서는 온라인상에서 가상통화와 토큰 등을 거래한다는 점도 중요한 특징임을 잊으면 안 됩니다. 이 모든 점을 감안할 때 '온라인상의 커뮤니케이션을 전제로 가치 교환이 이루어지는 공간'을 이 책에서 소개하는 메타버스의 모습이라 생각해주시면 좋겠습니다.

이러한 최신 테크놀로지의 결합은 앞으로의 사회·문화적 변화에 큰 영향을 미칠 것입니다. 그리고 언젠가는 패러다임의 전환도 이루어지겠지요. 미래에 대한 이런 전망을 바탕으로 web3, 메타버스, NFT를 이 책의 키워드로 선택했습니다.

테크놀로지가 그려내는
확실한 미래

　이제 웹의 변화를 대략 이해하셨을 겁니다. 그렇다면 다가오는 web3 시대에 세계는 결국 어떻게 달라질까요?

　가장 먼저, 거버넌스는 톱다운 방식에서 보텀업 방식으로, 소비는 대기업 주도의 대량생산 대량소비 형태에서 한층 세분화된 관계 중심의 형태로 변화할 것입니다. 이러한 분산화, 즉 탈중앙화는 기업만이 아니라 사회의 모든 부문에서 나타날 것입니다.

web3를 기반으로 탄생한 다양한 시스템은 다양한 사회문제를 바로잡는 데 도움이 될 것입니다.

web3 세대는 돈이 신성시되는 자본주의 가치관에 반기를 들고 새로운 문화를 만들어내려 하고 있습니다. 이들은 조직에 소속되지 않고 DAO에서 자신의 능력을 발휘하거나, NFT를 통해 돈으로 환산할 수 없는 가치를 자산화합니다. 원한다면 기존 사회가 오랫동안 고민해온 문제, 예컨대 환경, 빈부격차, 차별, 불평등도 DAO나 NFT를 활용해 해결할 수 있습니다. 뒷부분에서 다시 소개하겠지만, 이러한 변화의 움직임은 이미 시작되었습니다.

이런 모습에서 저는 미국의 1960~70년대 히피 문화를 떠올리기도 합니다. 히피 문화는 길어지는 베트남 전쟁에 반대하는 흐름에서 탄생한 일종의 사회운동이었습니다. web3가 이러한 히피 문화와 비슷한 분위기를 풍기는 이유는 무엇일까요? 해결의 실마리가 보이지 않는 기후위기와 빈부격차, 코로나19 팬데믹 등 다양한 문제를 겪고 있는 요즘, 특히 젊은 세대의 분위기가 히피 문화와 닮았기 때문인지도 모릅니다. Web1.0과 Web2.0은 '인터넷은 재미있어' 'SNS는 멋져'라는 경쾌함이 주된 감성이었다면, web3에서는 사회변혁으로 이어지는 강력한 문화적 에너지가 느껴집니다.

실제로 web3의 가능성을 일찍이 알아본 이들은 이미 다양한 형태로 변화에 동참하고 있습니다. web3가 아직 널리 알려지지 않았음에도 이들 사이에는 기대감이 무척 큽니다. 마치 Web1.0이 한창 꽃피우던 1990년대를 연상케 하는 분위기입니다.

한때 '가상통화=돈벌이, 투기'라는 맥락으로만 web3가 언급되기도 했습니다. 그러다 이더리움에 의해 토큰의 개념이 확립되면서 이전과 비교되지 않게 거대한 경제권이 형성되기 시작했으니, web3를 둘러싼 변화가 결코 작지 않습니다.

그것을 한마디로 표현한 단어가 바로 앞에서 소개한 '참여'입니다.

크립토 이코노미 안에서는 개개인이 유기적으로 연결되어 함께 프로젝트를 운영하거나, 특정 커뮤니티에 참여해 서로의 가치를 높입니다. 이러한 web3의 특성은 기존의 가치관과 거버넌스 형태를 뿌리부터 변화시킬 것입니다. 결코 과장이 아닙니다.

이쯤에서 'web3는 위험한 게 전혀 없나?'라는 의문이 들지도 모릅니다. 궁금해하실 분들을 위해 web3의 장단점을 간략히 정리해봤습니다(도표6) 참조).

〔도표6〕 web3가 초래하는 변화

장점	단점
• 더 나은 기술에 의한, 더 안정적이고 효율적인 경제 및 사회 실현 • 국가로부터 독립해 원하는 일을 하는 자유 • 새로운 비즈니스 기회 • 억압적 피라미드식 구조나 경직된 관료주의가 없는 거버넌스 • 더 자유롭고 공정한 경제와 사회로의 진화	• 화폐가 아닌 '토큰'이 유통되는 새로운 경제권이 국가에 리스크로 작용한다. • 환경 부담이 크다. • 사회 불평등이 심화된다. • 보안과 스팸 필터 기술이 아직 발전 단계다. • 아직은 '자기 책임'의 비중이 크다.

어떠신가요? 단점 목록을 보면 과연 web3가 좋은 건지 의구심이 들며 관심이 시들해질지도 모르겠습니다.

사람들이 가장 우려하는 점은 아무래도 각종 범죄일 것입니다. 크립토 이코노미가 커질수록 돈도 몰리기 마련입니다. 그렇게 되면 테크놀로지를 악용한 대규모 사기가 발생하거나, 유동성이 감당할 수 없이 커져 크립토 이코노미 자체가 취약해질 우려도 있습니다. 가장 먼저 떠오르는 것은 해킹으로 거액의 자산이 부정 인출되는 등의 사이버 범죄 위험성입니다. 2022년 3월 말, NFT게임 액시인피니티를 구동하는 블록체인 인프라가 해킹당해 이더리움 내에서 사용되는 가상화폐 이더와 미국달러를 합해 약 6억 2000만 달러 상당을 탈취당한 사건이 일어났습니다. web3

가 활성화될수록 이러한 사건이 더 많이 발생할 가능성도 배제할 수 없습니다.

또한 web3에서는 거버넌스 혁신이 일어나 사회의 불평등이 개선될 것이라는 견해도 있지만, 한편으로 모든 것이 자산화될 수 있는 세상이 오면 자본주의의 부정적 측면이 강화되어 사회적 불평등이 오히려 심해질 것이라는 리스크도 자주 지적됩니다. 책의 뒷부분에서 자세히 다루겠지만, 사람들이 web3에 참여하는 방식에 따라서는 이러한 우려가 현실이 될 위험도 분명히 있습니다. 어쩌면 지금까지 보지 못한 강력한 중앙집권적 존재가 등장할 수도 있습니다. 앞에서 web3에서는 지배적 플랫폼의 영향력이 약해진다고 이야기했습니다. 그 자리를 새로운 플레이어가 차지할 수도 있지 않을까요? Web2.0의 가장 강력한 지배자인 구글과 메타를 대신해 지루한 원숭이 같은 인기 콘텐츠가 비즈니스의 폭을 넓히고 커뮤니티를 확대해서 새로운 지배자가 될 수도 있겠죠.

이처럼 web3에 대해서는 희망만큼의 우려도 많습니다. 이런 리스크가 존재하기에 '전혀 문제없다, 이대로만 가면 장밋빛 미래가 우리를 기다린다'고 장담할 수는 없습니다. 그러나 위험하다거나 문제가 있다는 이유로 web3를 외면하거나 손대지 않겠다고 결정한다면 과연 현명한 판단일까요? web3로 실현할 수 있는 다양한 가능성을 생각하면, 너무나 아쉬운 선택입니다. 이미 시작된 변화인 만큼 단점보다는 가능성에 주목하여 현실로 만들어가고, 단점을 해결하는 기술을 꾸준히 연구개발해야 한다는 것이 제 생각입니다.

어찌 보면 이렇게 의견이 분분한 것은 아직 모든 것이 '가능성'의 영역에 머물러 있기 때문입니다. 무엇을 어떻게 할지 결정하는 것은 기술 그 자체가 아닙니다. 테크놀로지는 어디까지나 도구이며, 그 도구를 가지고 어떤 사회를 만들 것인가 하는 목표는 우리가 결정하기 나름이니까요. 지금보다 공정하고 평등하고 지속 가능한 사회를 만든다는 목표를 세우고 이를 위해 테크놀로지를 사용한다면, 그러한 사회는 실현될 것입니다. web3 테크놀로지를 이용해서 어떤 사회를 만들고 싶은지, 어떤 목표를 설정하고 다가오는 web3 시대를 살아갈 것인지, 이것이 지금 우리가 풀어야 할 과제입니다.

개인적으로 제가 느끼기에 Z세대라 불리는 젊은이들은 물욕도 그다지 크지 않고, 환경문제와 같은 사회적 이슈에 민감한 것 같습니다. 그런 점에서 경제성장기를 거치며 사회적 성공만을 위해 달려온 앞세대와는 상당히 다른 감각을 지니고 있습니다. 이들이 우리 사회를 이끄는 중심 세대가 되면 테크놀로지를 활용해 공정하고 평등하고 지속 가능한 사회를 추구하는 거대한 패러다임의 전환이 일어나지 않을까요? 저는 그렇게 예측하고, 또 기대합니다. 위험을 피하면서도 web3에 도전해볼 수 있습니다. 그러기 위한 리터러시를 습득하는 데에도 이 책이 도움이 되기를 바랍니다.

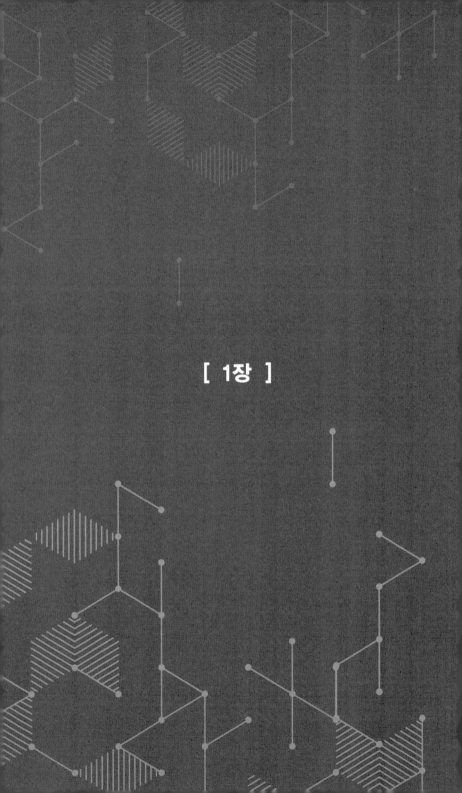

[1장]

일하는 방식

: 조직이 아니라 프로젝트로 일한다

고용이 아니라 참여

web3에서는 개인의 일하는 방식이 '조직 기반'에서 '프로젝트 기반'으로 바뀝니다.

변화의 주체는 'DAO'입니다. DAO는 회사조직이 아니라 프로젝트를 기준으로 만들어집니다. 개인은 관심 있고 본인이 기여할 수 있을 것 같은 DAO를 발견하면 '참여'의 형태로 일합니다. 작품마다 제작팀이 꾸려지고 스태프와 배우를 섭외해 진행하는 영화제작 방식과 비슷합니다. 안

그래도 요즘은 직장인의 겸업 금지가 완화되고, '병행경력(parallel career)'이라는 단어도 심심치 않게 들리고 있습니다. 이러한 변화 흐름에 더해 일하는 방식까지 DAO 식이 보편화되면 '본업과 부업'이라는 구분 자체가 사라질 것입니다.

물론 DAO에 참여한다고 해서 자동으로 '업무'를 하는 것은 아닙니다. DAO에 참여한다는 것은 1인의 토큰 홀더가 된다는 의미로, 대부분 고용계약은 맺지 않습니다. 개인이 다양한 기업 주식에 투자하여 주주가 되듯, 앞으로는 동시다발적으로 여러 DAO에 참여하는 것이 당연해지는 세상이 올 것입니다.

누군가가 만든 DAO에 참여하는 것을 넘어 직접 프로젝트를 조직해보고 싶을 때는 어떻게 하면 될까요?

현재 DAO는 법적인 위치가 애매한 것이 사실입니다. DAO는 토큰을 발행해서 자금을 조달합니다. 여기에는 필연적으로 '세금' 문제가 따라옵니다. 토큰을 무엇으로 보느냐에 따라 세율이 달라지는데, 대표적 토큰인 NFT에 대해서도 투자나 결제수단으로 볼 수 없다는 해석이 국제자금세탁방지기구(FATF)에서 나오는가 하면, 미국 국세청(IRS)도 명확한 입장을 내놓지 않고 있습니다. 앞서 언급했듯 세율 자체가 무겁다는 문제도 있습니다. 이런 문제가 해결되지 않는 한 개인들이 DAO를 시작하기는 쉽지 않을 것입니다.

그러나 프로젝트를 시작해서 동료를 모아 운영하는 것 자체는 가상자산거래소에서 유통되는 토큰이 아니라 환금성이 없는 독자적인 토큰으로도 가능합니다. 저만 해도 'Henkaku(변혁)'라는 커뮤니티를 주재하고 있는데, 이곳에서는 독자적 토큰인 '$HENKKAKU'를 발행합니다.

개인이 조직한다고 해서 학교에서 축제하듯 단순히 동료들이 모여 무언가를 함께하는 수준으로 생각하시면 곤란합니다. 토큰 거래를 통해 무엇인가를 만들어내는 기능을 가진 커뮤니티라는 점이 DAO의 핵심입니다. 그런 의미에서 특정 아티스트의 NFT아트를 소유한 사람들의 커뮤니티도 일종의 DAO라 할 수 있습니다.

일반적으로 회사를 세우려면 변호사를 선임하고, 정관을 만들고, 자기자본금을 준비하고, 자금을 조달하는 등 많은 절차와 시간과 노력과 돈이 필요합니다. 이렇게 힘든 과정을 거쳐 마침내 회사를 설립하면 이번에는 고용이 기다립니다. 구인구직 사이트에 구인정보를 올리고 한 명씩 면접을 보느라 또 한 번 시간과 노력과 돈이 소모됩니다.

그러나 DAO는 이 모든 일이 블록체인상에서 이루어지기 때문에 방대한 서류작업에 쫓길 일이 없습니다. 독자적인 토큰을 발행하는 데 약 5분, 채팅룸 서버를 만든다 해도 10분 정도면 끝납니다. 비유하자면 '페이스북 그룹 만들기' 수준의 난이도입니다.

그러나 간단하다고 해서 DAO의 신뢰성이 부족한 것은 결코 아닙니다.

기업의 사업내용과 신뢰성을 판단하기 위해서는 정관과 재무제표 등을 파악해야 합니다. 그런데 DAO가 발행하는 토큰은 모두 블록체인에 기록됩니다. 블록체인이라면 누구든 볼 수 있으므로 완전히 투명하고 사실상 위조도 불가능합니다. 그런 의미에서 DAO는 일반적인 기업보다 오히려 거래와 이력의 투명성이 높고 신뢰성도 보장됩니다. 최근 들어 기업의 컴플라이언스(compliance), 즉 준법감시가 중시되고 있는데 대부분 '투명성'에 관한 이슈입니다. 블록체인은 그 부분을 누구보다 투명하게 만들 수 있는 기능을 갖추고 있습니다.

게다가 일단 시작하면 프로젝트 관리가 대단히 효율적이라는 점도 DAO의 매력입니다. 제가 주재하는 'Henka-ku'라는 DAO에서는 여러 사람의 업무를 할 일 목록(to do list)으로 관리하고 있습니다. 업무를 완료하면 그 보수는

$HENKAKU 토큰으로 지급합니다. 이 시스템을 구축하는 데 걸린 시간은 얼마 되지 않습니다.

비즈니스는 D2D로

web3에서는 마치 퍼즐 조각을 맞춰서 '한 장의 그림'을 완성하는 것처럼 프로젝트를 운영합니다. 다양한 기능을 갖춘 기업조직과 달리 DAO는 하나의 목적, 하나의 기능에 특화되어 있습니다. 프로젝트 운영이 목적인 DAO가 있는가 하면, 프로젝트 운영에 필요한 인프라와 애플리케이션을 개발하는 DAO도 있죠.

web3의 키워드 가운데 하나는 '결합성(composability)'

입니다. DAO는 필요에 따라 다양한 애플리케이션을 결합하는 방식으로 프로젝트를 운영합니다. '구성원에 대한 보수 지급은 이것을, 투표는 이것을, 의논은 이것을 사용하자'라는 식으로 마치 퍼즐 조각을 맞추듯 다양한 툴을 결합해서 DAO를 운영합니다.

기업을 경영하기 위해서는 회계사나 변호사의 도움이 필요합니다. 본인이 직접 준비해야 하는 서류나 잡무도 반드시 발생합니다. 반면 web3에는 사용자 친화적인 애플리케이션이 이미 많습니다. 다채로운 '퍼즐 조각'이 존재합니다. 본인이 직접 하지 않아도 되는 부분이 많다는 뜻이죠. 말하자면 'D2D(DAO to DAO) 비즈니스'라 할까요. D2D 비즈니스가 존재하므로 프로젝트 DAO는 모든 기능을 갖추지 않고도 필요에 따라 별도의 DAO와 연계하면서 순수하게 자신의 목적을 추구할 수 있습니다.

지금도 일반기업에서 종종 외주업자에게 업무를 위탁하곤 하죠. 예전에는 수발주회사 사이의 계약이 번거롭고 까다로웠는데 이제는 크라우드소싱 플랫폼이 생겨서 조금은 수월해졌습니다. 여기서 한발 나아가 web3에서는 기존의 플랫폼이 담당하던 기능이 분산되고, 대부분을 DAO가 개발하는 툴이 대체할 것입니다. 예를 들어 은행계좌를 개설할 때마다 거쳐야 하는 본인확인도 DAO의 툴로 처리할 수 있게 될 것입니다.

DAO 사이의 결합은 기업 대 기업, 또는 기업 대 개인의 관계성과는 분명히 다릅니다. 결합 자체는 더 쉽고, 결합의 강도는 더욱 강할 것입니다. 회사는 거래가 종료되면 그것으로 끝이지만, DAO에서는 토큰을 교환하기도 합니다. DAO의 가치가 올라가면 교환한 토큰의 가치도 올라가기 때문에 '협력해서 함께 목표를 달성하자'라는 동기부여가 한층 강해지게 되죠.

또 다른 결합성의 예로 먼저 성공한 DAO가 투자의 형태로 다른 DAO의 성장을 촉진하거나, 프로젝트 DAO끼리 토큰을 교환하여 결합하는 경우도 있습니다. 각각의 프로젝트를 운영하는 DAO가 더 큰 하나의 목적을 위해 손잡고 공동 프로젝트에 착수하는 사례도 어렵지 않게 볼 수 있습니다. 아직 법적인 정비가 이루어지지 않은 부분도 있지만, DAO 사이에 일을 나누고 협업하며 서로를 돕는 움직임이 web3의 여러 분야에서 이미 자연스럽게 일어나고 있습니다.

DAO는 이렇게 편리하고 간단합니다. 경영, 조직운영 등에 따라붙는 수많은 번거로움과 어려움이 제거되므로 그만큼 빠르게 성장할 수 있습니다.

D2D 비즈니스를 활용해 DAO를 시작하는 사람이 점점 늘어나면 개인의 직업은 어떻게 될까요? 확실한 것은, 사(土)가 붙는 과거의 전문직은 더이상 필요하지 않게 된다는 것입니다. 이미 진출한 이들 중에는 생존을 위해 테크놀로지를 열심히 공부해서 스마트 콘트랙트를 전문으로 취급하는 '크립토 이코노미형 전문직'으로 전직하는 사람도 생길지 모릅니다.

주주, 경영자, 종업원의
조직구도가 사라진다

DAO에는 처음부터 '전체 방침을 결정하는 사람과, 그 결정에 따르는 사람'이라는 분업체제가 성립하지 않습니다. DAO를 만든 사람도, 그 취지에 공감해서 모인 사람도 권리상 동등한 주체입니다.

주식회사에서는 아무래도 주주나 경영자에게 이익이 쏠립니다. 정규직, 계약직, 아르바이트는 노동의 대가를 받을 뿐입니다. 그조차 차등해서요. 그러나 DAO에는 이러한 구조가 애초에 존재하지 않습니다. 프로젝트에 기여한 구성원에게는 토큰이 지급됩니다. 크립토 이코노미에서는 토큰의 유동성(환금성)이 발생하는 시기가 빠른 편이어서, 1년도 되기 전에 토큰을 매각해 캐피털게인을 얻는 경우도 드물지 않습니다. 즉 정규직, 계약직, 아르바이트, 사용자의 구별 없이 프로젝트에 기여할 수 있고, 성장하면 캐피털게인을 얻는 '자사주'를 받을 수 있다는 이야기입니다.

물론 토큰을 팔지 않고 계속 보유하면서 주식 배당을 받듯 토큰으로 이익을 분배받아 그것으로 생활하게 될 수도 있습니다(단, 직접 현금화할 수 있는지 여부는 규정에 따라 다릅니다). 해당 프로젝트의 다양한 의결에 참여하거나 직접 건의하며 커뮤니티와 관계를 이어가는 경우죠. 기업에서 주주가 의결권을 행사하는 것은 1년에 한 번 있는 주주총회뿐입니다. 반면 DAO는 수시로 구성원으로부터 "이런 일을 해보고 싶다. 그러려면 ○○이 필요하고, 시간은 △△ 정도 걸릴 것으로 예상된다. 성공하면 ○○토큰을 받고 싶다. 어떻게 생각하는가?" 등의 건의를 받고 구성원 투표를 진행합니다.

구성원에 대한 보상 이벤트로 DAO가 토큰을 에어드롭(airdrop, 무상지급)하는 경우도 있습니다. 일례로 2022년 3월 지루한 원숭이는 에이프코인(APE Coin) 발행 및 상장을 기념해 지루한 원숭이의 NFT 소유자에게 1만 에이프코인을 에어드롭하는 이벤트를 진행했습니다.

자본가와 노동자 사이에 발생하는 빈부격차는 산업혁명 이후 계속 논의되고 있는 자본주의의 묵은 과제입니다. 구조적 불평등이라는 오래된 과제에 대한 해결책을 지금 테크놀로지의 진화가 제시해주고 있는지도 모릅니다. 일례로 크립토 이코노미에서는 '부의 재분배'가 작용하는 스마트 콘트랙트를 거래에 삽입할 수 있습니다. DAO가 기존의 거버넌스 형태를 근본적으로 변화시키는 모습을 보면, 부의 불평등을 교정하는 것도 충분히 실현 가능한 미래가 아닐까 기대하게 됩니다. 실제로 기존 피아트 이코노미에서 작동하는 상장기업의 컴플라이언스를 능가하는 사업(프로젝트)의 투명성과 거버넌스의 공정함이 구축될 조짐이 조금씩 보이고 있습니다.

물론 이 세계에서도 유망한 DAO에 일찌감치 주목한 벤처캐피털이 해당 DAO의 토큰을 대량으로 보유할 가능성은 있습니다. 그러나 '투자자 우위라는 구조는 존재하지 않는다' '노동자는 존재하지 않는다(주체적으로 일하는 개인이 있을 뿐이다)'라는 것이 DAO의 정체성이므로 어떤 형태로든 자정작용이 일어나리라 생각합니다. 누가 얼마의 토큰을 소유하고 있는지 블록체인에서 한눈에 볼 수 있으니 검증도 간단하고요. 실제로 커뮤니티 'Henkaku'에서도 '토큰 홀더의 비율은 몇 퍼센트가 공정한가?' '사용자 보유율 25% 이하는 불공정하지 않은가?' 등의 논의가 심심 치 않게 이루어집니다. 이 모습을 보노라면 이른바 풀뿌리 거버넌스 윤리관이 자라고 있음을 체감하게 됩니다.

이밖에도 크립토 이코노미에 대한 이런저런 우려가 있는 것이 사실입니다. 예를 들어 어떤 DAO에서 '히틀러' 라는 단어를 아이템 이름에 사용해서는 안 된다는 의결을 진행했는데 부결됐다는 기사를 읽은 적이 있습니다. 상식 적인 윤리의식에 비추어보면 당연히 추진될 법한 사안도 DAO는 간단히 결정할 수 없습니다. 모든 이에게 투표권이 부여되는 DAO의 장점은 소수의 전문가들이 결정하는 방 식에 비해 전문성이 떨어지고 의사결정이 둔해지기 쉽다 는 단점으로 둔갑하기도 합니다.

DAO가 거버넌스를 변화시키는 것은 확실합니다. 그러 나 DAO를 기반으로 더 나은 세계를 실현하기 위해서는 이 러한 과제를 하나하나 마주하고 해결해야 합니다. 저 또한 많은 실험을 하며 방향성을 모색하는 중입니다.

일하는 방식을 조직이 아닌 개인이 결정한다

일의 내용, 장소, 시간을 누가 지시하는 것이 아니라 본인 주도로 결정할 수 있는 것이 web3 시대의 근무방식입니다.

최근 몇 년 새 엔지니어들의 몸값이 치솟으면서 개중에는 프리랜서로 여러 회사에서 프로젝트를 수주해 일하는 사람도 늘고 있습니다. 전문직을 중심으로 앞으로 더 많은 이들이 조직에 얽매이지 않고 자유롭게 일할 거라는 전망도 나옵니다.

DAO가 사회 전반으로 확산될수록 이러한 근무형태는 전문직을 넘어 더 많은 직종에서 나타날 것입니다. DAO는 프로젝트 단위로 만들어지며, 어떤 프로젝트든 진행하려면 다양한 역할이 필요합니다. 엔지니어 등의 전문직만 있다고 일이 되는 건 아니니까요. 아직 이렇다 할 롤모델조차 없는 새로운 근무형태가 DAO라는 커뮤니티에서 탄생할 것입니다. '이런 근무방식이 있었다니' 하며 놀라게 될 혁신이 web3 안에서 다양하게 전개될 것입니다.

'나는 전문기술이 없어서 불가능해' '오직 실력으로 승부해야 하는 곳이 DAO'라고 생각하는 사람도 있을지 모릅니다. 그러나 우리는 누구나 DAO에 보탬이 되는 무언가를 가지고 있습니다.

DAO에 참여한다는 것은 '이 매력적인 프로젝트에 내가 도울 수 있는 게 없을까?' 하며 역할을 찾으러 가는 것과 같습니다. 본인 스스로 '이 일은 제가 하겠습니다'라고 손을 들 수 있으므로 싫은 일이나 못하는 일을 억지로 떠맡을 필요도 없습니다. 업무 단위로 담당하고 토큰을 받을 수도 있고, 때로는 좀 더 깊숙이 관여하는 미들 또는 코어 컨트리뷰터(contributor)로서 기여에 상응하는 토큰을 급료처럼 받기도 합니다.

DAO에는 이처럼 다양한 근무형태가 존재하고, 본인이 원하는 방식으로 원하는 시간 동안 참여할 수 있습니다. 개인의 직업과 근무형태를 조직이 아니라 스스로 결정한다는 의미입니다. 이것은 일하는 주체를 '조직'에서 '나 자신'으로 되돌리는 변화입니다. 조직에서 출세하기를 원하고, 실무에서 관리직으로 영전하고 싶은 사람은 조금 다르겠지만, 창조적인 일에 함께한다는 보람을 느끼고 싶은 사람에게는 DAO에 참여하는 web3적 근무형태가 훨씬 이상적이지 않을까요?

DAO에 참여하는 방식은 프로젝트에 대한 관심의 크기에 따라 '검색→발신→열정적 참여'의 단계로 옮겨가는 경우가 일반적입니다. 처음부터 깊이 관여하기보다는 구성원들이 함께하는 모습을 보면서 상황을 살핍니다. 그러다 점차 다른 사람의 제안에 대해 의견을 말하거나 찬성/반대표를 던지게 됩니다. 그러고는 본인이 직접 제안도 하면서 프로젝트를 이끄는 한 사람이 된다는 전개입니다.

DAO의 구성원은 모두 동등하지만, 참여 정도에 따라 프로젝트에 대한 책임과 기여도는 당연히 달라집니다. 깊이 관여할수록 책임과 기여도 또한 커지죠. 그러나 이는 흔히 말하는 '출세'와는 전혀 다릅니다. DAO는 개인을 속박하지 않습니다. 깊이 관여하는 것도 떠나는 것도 모두 본인의 의지와 선택에 달려 있습니다. 흥미로운 DAO는 더 적극적으로 참여하고, 그저 관심 있는 정도의 DAO에는 소극적으로 참여한다는 식의 차이가 있을 뿐입니다. 흥미가 떨어지면 해당 DAO에서 나오면 끝입니다. '퇴직 희망일 1개월 전에 알리시오' 같은 규칙도 없습니다. 회사를 그만두거나 옮기는 것 자체가 고생임을 감안하면 믿을 수 없을 정도로 간단하고 자유로운 근무형태라 할 수 있습니다.

이런 방식이 당연한 것으로 받아들여진다면 일과 관련한 각종 사회적 불평등을 줄여나갈 수도 있습니다.

성별에 따른 격차를 예로 들어보겠습니다. 세계경제포럼이 매년 발표하는 성불평등지수(Gender Gap Index)에서 동아시아 국가들은 경제발전에 비해 부족한 성적을 받고 있습니다. 156개국 가운데 한국이 100위 안팎, 일본은 무려 120위 전후라는 참담한 결과를 이어가고 있습니다. 본질적으로는 남성우위의 가치관을 바로잡아야겠지만, 구조적인 걸림돌은 역시 임신과 출산이라는 생애주기의 거대한 이벤트에 대한 이해와 배려가 부족하다는 것입니다. 남성의 육아휴직이 늘어나는 등 과거에 비해 개선된 부분도 있지만 여전히 많이 부족합니다. 현재 상태에서는 여성이 아이를 키우면서 사회적 성취도 거두기가 쉽지 않습니다. 이외에도 고령자를 돌봐야 하는 등의 다양한 사정으로 전일제 근무가 불가능한 사람, 심신의 상태가 여의치 않아 회사에 출근하기 어려운 사람도 있을 것입니다. 기존 사회체제에서 이런 사람들은 아무래도 방치되기 쉬웠습니다.

그러나 DAO는 애초에 경영자, 정직원, 계약직 같은 구별이 존재하지 않기 때문에, '여성 임원 비율은 10%도 안 된다' '같은 업무 내용이라도 비정규직의 급여는 정사원의 70% 이하' 등의 격차가 생길 여지도 없습니다.

게다가 '본인이 할 수 있는 일(잘하는 일, 좋아하는 일)로 기여하면 OK' '언제, 어디서, 얼마만큼 일하든 자유'라는 원칙의 DAO라면, 여러 사정으로 기존 사회의 고정된 근무형태로는 일하기 어려웠던 사람에게도 일할 기회가 열립니다.

지금까지와 전혀 다른 메커니즘으로 운영되는 DAO라는 커뮤니티에서 업무방식의 새로운 선택지가 탄생합니다. DAO의 정의 자체가 아직 확립되지 않은 만큼 그곳에서 일어날 업무방식의 혁신 또한 실제로 일하는 사람들에 의해 다양하게 펼쳐질 것입니다. 크립토 이코노미에서 토큰을 벌어들이거나, 사고팔거나, 운용하는 등 새로운 형태의 경제력을 키우는 것도 충분히 가능합니다.

지금까지 피아트 이코노미에서 하고 싶은 일을 찾지 못했던 사람, 하고 싶은 일이 있어도 실현할 수단이 없었던 사람이 크립토 이코노미에서는 원하던 바를 이룰 수도 있습니다.

보수, 배당, 권리를
토큰 하나로

DAO에 참여해서 얻을 수 있는 보상은 크게 일의 보수와
이익분배가 있습니다. 보수는 해당 DAO가 발행하는 토큰
이나 스테이블 코인 이더 등의 암호화폐로 지급됩니다. 그
리고 DAO의 이익 분배는 일반적으로 거버넌스 토큰의 보
유량에 따라 이루어집니다.

거버넌스 토큰에 대해 서장에서 잠시 설명했던 것 기억
하시는지요? 스타트업의 스톡옵션과 비슷하다고 생각하

면 이해하기 쉬울 것입니다. 아시다시피 스톡옵션은 기업 임직원이 자사의 신주를 정해진 가격에 구매할 수 있는 권리입니다. 임직원들이 노력해서 성과를 내고 기업가치가 올라가면, 정해진 가격에 구매한 자사주를 매도해 큰 이익을 실현할 수 있습니다. 회사가 성과를 내면 내 자산이 커지므로 자연스럽게 열심히 일해서 회사를 키워야겠다는 동기부여가 됩니다.

과거에는 회사가 아무리 성공해도 직원들이 억 단위의 소득을 올리는 경우가 거의 없었습니다. 그런 상황에 스톡옵션이라는 제도가 생기자, 안정적인 대기업보다 성장에 직접 기여해 큰 이익을 얻을 수 있는 스타트업으로 인재들이 몰리기 시작했습니다. 실제로 실리콘밸리에서는 혁신적인 스타트업이 계속 등장하고 상당수가 괄목할 성공을 거두었죠.

DAO가 거버넌스 토큰을 보수로 배포하는 것도 스타트업이 스톡옵션을 제공하는 것과 비슷합니다. 구성원이 회사의 성장에 기여할수록 그 회사의 주식 가치가 올라가듯이, 참여자의 기여로 DAO가 성장하면 보유한 거버넌스 토큰의 가치도 올라갑니다. 가치가 오른 시점에 토큰을 팔면 큰 캐피털게인을 얻을 수 있습니다. 계속 보유한다면 이익분배를 받아서 인컴게인을 얻을 수 있습니다.

게다가 DAO에서는 이 과정이 빠르게 진행됩니다. 스톡옵션은 회사가 증권거래소에 상장(IPO)하지 않으면 권리를 행사할 수 없기에, 주식 매도까지 몇 년에서 길게는 수십 년의 시간이 걸립니다. 반면 DAO는 토큰을 사고팔 수 있는 시점이 프로젝트가 구체화되기 이전에 찾아오는 경우도 많습니다.

암호화폐를 투기의 대상으로 보고 토크노믹스를 구축하는 풍조가 있는 것도 사실입니다. 실제로 위험을 감수하고 web3에 일찍 참여해서 손에 넣은 토큰의 가치가 결과적으로 더 커지는 '선행자 이익'이 발생하기도 합니다. 이런 요소가 격차를 더 키운다는 의견도 있지만, 저는 꼭 그렇지만은 않다고 생각합니다. 크립토 이코노미가 확대되면 지금까지와는 다른 동등한 관계성 아래 새로운 사회를 만들 수 있다는 점에서 저는 우려보다는 가능성을 더 크게 보고 있습니다.

제가 관여하는 커뮤니티 'Henkaku'에서는 토큰의 투기적 성격을 경계하고, 전자데이터에 불과한 토큰이 할 수 있는 역할을 모색하며 '$HENKAKU'를 발행했습니다. 그리고 이 토큰으로 커뮤니티에서 어떤 생태계를 구축할 수 있는지 실험하는 중입니다.

예를 들어 $HENKAKU 토큰을 가진 구성원에게 토큰 보유자로서 특별 혜택을 주는 다양한 아이디어를 생각해 보고 있습니다. 한번은 500 $HENKAKU를 지불하면 참여할 수 있는 'HENKAKU 바'를 오픈했습니다. 이 이벤트에는 $HENKAKU가 없으면 입장할 수 없습니다. 돈이 아무리 많아도 소용없습니다. $HENKAKU는 커뮤니티 기여에 대한 보상으로 지급되기 때문에 '커뮤니티에 기여한 사람'만 참여할 수 있는 특별 이벤트인 셈입니다. 그 밖에도 $HENKAKU만 사용할 수 있는 NFT 마켓플레이스 등의 아이디어도 있습니다. 앞으로도 온라인에서 교류하는 구성원을 연결하는 오프라인 이벤트를 정기적으로 개최하려고 합니다.

이렇게 우리 커뮤니티만의 특별한 멤버십을 부여함으로써 금전적인 가치의 매개체가 아니라 사회적 연결을 돕는 '소셜 토큰'으로 $HENKAKU를 성장시켜 나갈 계획입니다. '돈으로 환산할 수 없기에 가치 있는 토큰'을 만드는 것도 커뮤니티를 강화하는 하나의 아이디어가 될 수 있다고 생각합니다.

DAO는 만능인가?

그러나 DAO가 만능은 아닙니다. 무엇보다 아직 법적 지위가 명확하지 않다는 문제가 있습니다.

'분산형 자율조직'이라는 명칭이 말해주듯이, DAO에는 확실한 주체가 존재하지 않습니다. 물론 처음 프로젝트를 시작한 구성원은 있지만, '창업자'가 아니라 수많은 토큰 홀더 가운데 한 명일 뿐입니다.

예를 들어 블록체인 기술을 이용한 가상화폐라는 아이

디어에 많은 지지자가 모여든 결과 비트코인은 세계 최대의 가상화폐로 성장했습니다. 비트코인이라는 블록체인은 세계 곳곳에 퍼져 있는 엔지니어의 손에 의해 발전해왔습니다. 그런데 그 책임자는 누구일까요?

비트코인을 고안한 사토시 나카모토라는 인물은 이름이 본명인지조차 확실하지 않으며, 어디에 사는 누구인지 아는 사람도 없습니다. 그럼에도 그의 아이디어를 지지하는 사람이 많이 모였습니다. 이 사실은 많은 것을 시사합니다. 비트코인이라는 생태계를 어떤 회사가 개발하고 있는지 알면, 경우에 따라 국가가 없애버릴 수도 있습니다. 그러나 누가 개발하는지 알 수 없는, 사람도 조직도 아닌 컴퓨터 프로그램을 규제하기란 불가능합니다. 현행 법률의 범주로는 비트코인의 생태계를 판단하기가 대단히 어렵습니다.

마찬가지로 현재 토큰을 매개로 운용되는 DAO라는 커뮤니티가 존재하고, 이미 크고 작은 다양한 프로젝트나 애플리케이션이 진행 중이라는 것은 의심의 여지 없는 사실입니다. 블록체인상에 가동하는 스마트 콘트랙트 시스템이 피아트 이코노미의 '업무위탁계약서'와 같은 역할을 하며, 보수의 지급 등도 스마트 콘트랙트를 바탕으로 이루어지고 있습니다.

세상에는 '손에 잡히지 않는 것은 신뢰할 수 없다'는 사고방식이 여전히 뿌리 깊은 것 같습니다. 그러나 web3의 관점에서 보면, 오히려 위조하기 쉬운 것은 아날로그적인 서류입니다. 투명성과 신뢰성에서는 스마트 콘트랙트가 훨씬 뛰어납니다.

바꿔 말하면 DAO는 이미 국가 차원의 법적 지배를 넘어선 영역에서 기능하고 있으며, 그것이 web3의 상식으로 자리잡았습니다. 앞으로는 다양한 형태로 피아트 이코노미에도 영향을 미칠 것입니다. 이 점을 더이상 간과해서는 안 됩니다.

현시점에서 가장 선진적인 사례는 미국 와이오밍주가 제정한, DAO를 법인으로 인정하는 'DAO법'입니다. 일본은 이제야 겨우 논의를 시작하는 단계입니다. 관련 법이 정비되면, DAO에서 시작된 일과 근무형태의 극적인 변화는 한층 큰 규모의 사회적 파급력을 일으킬 것입니다. 그 파괴력을 부드럽게 흡수하는 방편으로 'DAO 특구'를 만들어 와이오밍주처럼 DAO법을 시범적으로 시행해보는 것도 검토해볼 가치가 있습니다.

토큰을 통해 사람과 커뮤니티가 움직이고 때로는 결합하면서 새로운 것을 만들어내는 DAO는 아직 여명기입니다.

크고 작은 문제가 있지만, 우리의 아이디어에 따라 얼마든지 가능성을 펼칠 수 있다는 이야기이기도 합니다.

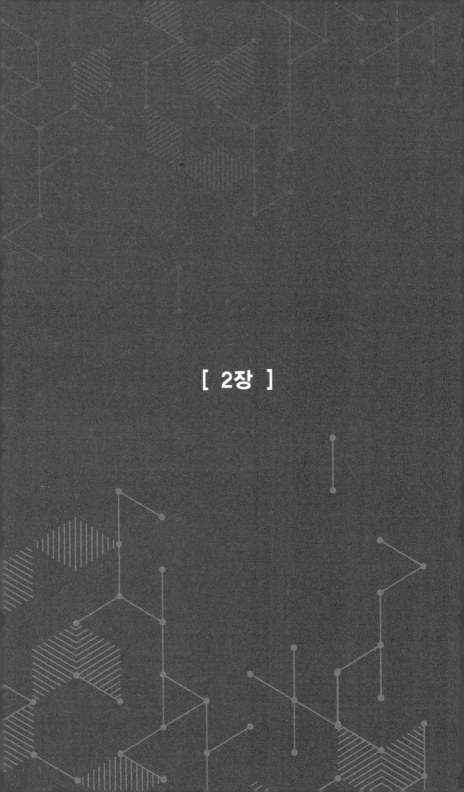

[2장]

부의 원천

: '열정'이 자산이 된다

오리지널리티,
고유한 진짜가 만들어진다

블록체인은 거래마다 정보 블록을 작성하고 그 블록들을 체인처럼 연결해 거래이력을 기록하는 시스템입니다. 흔히 디지털 데이터라고 하면 얼마든지 복제, 수정, 삭제할 수 있다고 생각하기 쉽습니다. 그러나 블록체인은 모든 이력이 연결되어 있고 누구든 확인할 수 있기에 그중 일부 정보를 위조하기가 사실상 불가능합니다. 블록체인이 비트코인과 이더리움에 대해 통화가 요구하는 최고 수준의 보안 시스템을 기술적으로 보증할 수 있는 것은 이 때문입니다.

이 점을 활용하면 블록체인으로 '세상에 하나밖에 없는 진품'임을 보증하는 디지털 데이터를 만드는 것도 충분히 가능합니다. 특정 디지털 데이터가 '진짜인지 아닌지' '누구의 것인지' 등을 증명할 수 있게 만든 것이 NFT입니다. 이런 사실을 이해하면 어째서 NFT가 디지털 창작자들 사이에 가장 먼저 유행했는지도 자연스럽게 이해될 것입니다.

예를 들어 눈앞에 두 개의 부적이 있다고 상상해보십시오. 하나는 축원기도를 올린 것이고, 다른 하나는 그렇지 않은 것입니다. 두 부적은 물리적으로 같은 소재와 같은 크기, 같은 문양이어서 겉모습은 완전히 똑같습니다. 그러나 부적의 영험함을 믿는 사람이라면 당연히 축원기도를 올린 부적을 갖고 싶을 것입니다.

비유하자면 이것이 곧 '대체불가능(non fungible)'에 담긴 뜻입니다. 대체불가능한 가치가 있는 정보를 담아서 발행하는 토큰이 NFT(non fungible token)이고, 정보의 신뢰성을 보장하는 시스템이 블록체인입니다. 즉 축원기도를 했다는 사실을 기록하는 과정에 문제가 없다면 '이 부적은 진품인가?' '정말 이토 조이치의 소유물인가?'를 감정서가 아니라 블록체인 기록을 통해 증명할 수 있습니다.

기업의 재무제표에서 분식회계가 가능한 것처럼 감정서

도 얼마든지 위조할 수 있습니다. 그러나 블록체인은 시스템의 특성상 한번 거래이력을 기록한 후에는 덮어쓰기나 삭제가 불가능합니다. 세상에 존재하는 그 어떤 시스템보다 확실하게 '진위'와 '소유'가 증명되는 셈입니다.

NFT는 또한 기존의 대량생산 대량소비 산업구조를 뒤바꿀 수도 있습니다.

세상에 하나밖에 없는 무언가를 오직 한 사람에게 전달한다는 것은 대단히 비효율적입니다. 그래서 지금까지 산업구조는 생산과 물류의 효율화를 위해 똑같은 물건을 양산하여 한꺼번에 많은 사람에게 전달하는 대량생산 대량소비 방식으로 이어져 왔습니다.

디지털 소비재는 물류라는 번거로운 단계가 없지만, 기술적인 문제로 '세상에 하나밖에 없는 디지털 소비재'를 만들지 못했습니다. 복제를 방지할 수 없으니 '많은 사람이 똑같은 대상을 소비한다'는 의미에서는 대량생산 대량소비 체제와 다를 바 없었습니다.

반면 NFT는 대량생산 대량소비의 대상이 아닙니다. 블록체인 기술에 의해 '세상에 하나밖에 없는, 복제 불가능한 디지털 데이터'를 만들기 때문입니다.

시대는 확실히 변하고 있습니다. 사람들이 사물과의 관

계에서 느끼는 유대감이 점점 깊어지고 있습니다. 이런 마당에 모두가 똑같은 것을 똑같이 소유하는 방식이 효율적이라는 이유로 선호될까요? 천만의 말씀입니다. NFT는 사물이 단순한 소유물을 넘어 나를 표현하는 매개체로 중시되는 오늘날의 가치관에 잘 부합합니다. 어쩌면 NFT의 탄생이 이런 가치관을 더 강화하고 있는지도 모르겠습니다.

예를 들어 큰 인기를 얻고 있는 지루한 원숭이의 PFP(프로필 이미지)는 하나같이 세상에 하나밖에 없는 것들입니다. 마음에 드는 이미지를 구매해서 본인의 PFP로 사용하다 보면 자연히 애정이 싹트게 됩니다. 그렇게 되면 작품은 더이상 단순한 소유물이 아니라 '나를 나타내는 대상', 나아가 '내 정체성의 일부'로 느껴집니다. 작품과의 유대가 깊어지는 것이죠.

축원한 부적을 가지고 싶은 것처럼, 누구나 진품을 원합니다. 더 정확하게 표현하면 '진품을 접했을 때의 기분'을 중요하게 여기죠. 즉 중요한 것은 물리적인 차이가 아닙니다. 진품이든 가짜든 물리적인 차이는 거의 없습니다. 차이는 사람의 마음입니다. 그런 점에서 NFT는 인간 본연의 감성에 잘 부합한다는 생각도 하게 됩니다. '진품이라는 사실', 이 눈에 보이지 않고 대체불가능한 가치를 토큰화하여 취급할 수 있게 만든 것이 NFT니까요.

최근 디지털아트의 거래가 활발해지자, 돈 냄새를 맡은 투기꾼들이 다수 NFT 시장으로 흘러들었습니다. 이 때문에 일부에서는 'NFT 거품'이라는 말까지 나오는 상황입니다. NFT를 한때의 유행으로 보고 신경쓰지 않거나 평가절하하는 이들도 있는 것이 사실입니다.

그러나 역사가 증명하듯 거품은 언젠가 꺼지기 마련입니다. 또한 단단한 인프라와 사람들의 리터러시는 거품이 생겨야 비로소 정비되기도 합니다. 그렇게 정비된 인프라와 리터러시는 거품이 꺼진 뒤에도 사라지지 않습니다. NFT도 예외가 아닙니다. NFT 신드롬 속에 NFT 시장이 성숙하고 사람들의 리터러시 수준이 높아지면, 결과적으로 신드롬이 잦아든 뒤에도 살아남는 NFT가 계속 나타날 것입니다.

섣불리 유행을 따를 필요는 없습니다. 다만 무시하고 있다가는 NFT가 일상이 된 미래에 당황하게 될 것이 분명합니다. 지금 무슨 일이 일어나고 있는지 항상 주시하면서, 조금씩 참여해보는 것을 추천합니다.

아티스트는 사업가가 된다

NFT를 통해 아티스트 본인이 직접 아트 비즈니스를 운용할 수 있게 되었습니다.

NFT가 등장하기 이전에는 작품을 공개하고 판매하려면 아티스트가 부지런히 갤러리 등에 영업을 해야 했습니다. 무사히 출품해서 구매자가 나타나도 계약성립의 보수로서 중개자에게 비싼 수수료를 지불했습니다. 한마디로 지금까지의 아트 비즈니스는 '아티스트가 돈 벌기 어려운 시스템'으로 운영되었다고 할 수 있습니다.

그런 업계에 변화의 바람을 불어넣은 것이 바로 NFT입니다.

아티스트가 작품을 제작해 오픈시 등의 NFT 마켓플레이스에 출품합니다. 그곳에서 누군가가 작품을 구매합니다. 아티스트는 그 시점에 이미 수입이 생깁니다. 거래금액의 2.5%는 오픈시에 수수료로 지불됩니다. 오프라인 갤러리에 전시해 판매하는 것에 비하면 진입장벽이 훨씬 낮아졌습니다. 또한 블록체인에는 '이 작품은 이 사람이 만든 것'이라는 이력이 남아 있기에, NFT가 전매될 때마다 아티스트에게도 이익이 돌아가도록 설정할 수 있습니다. NFT에 의해 '아티스트가 자력으로 돈을 벌 수 있는 시스템'이 등장한 것입니다.

현재 NFT가 가장 활성화된 분야는 디지털아트와 게임입니다. 세상에 낯선 개념이 등장하면, 사람들은 으레 자신이 이해할 수 있도록 기존 경험의 연장선상에서 받아들이려 합니다. 디지털아트와 게임 분야에서 NFT가 먼저 수용된 이유도 이미 존재하는 디지털아트와 게임 아이템을 블록체인 기술을 통해 'web3적으로' 바꾼 것이라고 비교적 쉽게 이해할 수 있었기 때문일 것입니다.

디지털아트와 게임 아이템이 NFT를 접하는 계기가 될 수 있지만, NFT에는 그 이상의 가능성이 존재합니다. 아직은 NFT 마켓플레이스에 디지털아트의 jpeg 데이터를 나열하기만 하는 경우가 많습니다. 말하자면 NFT가 단순히 '캔버스'를 대신하는 셈입니다. 계속 이 용도로만 사용하면 아깝지 않을까요?

상상하기에 따라 캔버스 대용 외에도 다양한 사용법을 생각할 수 있습니다. NFT는 블록체인을 통해 '누가 제작한 어떤 작품'이라고 증명된 상태이기 때문에, 그 안의 내용이 달라져도 사실 아무 문제가 없습니다. 예를 들어 링크를 클릭할 때마다 작품의 컨셉에 따라 내용이 바뀌도록 연출된 디지털아트 NFT도 재미있지 않겠습니까?

앞으로 NFT가 일상화되면, 예술품을 대하는 기존의 사고방식에서 벗어나 web3와 NFT를 전제로 하는 작품이 다수 나타날 것입니다. 일반적인 비주얼아트뿐 아니라 앞에서 설명한 아이디어를 반영한 컨셉추얼 아트(conceptual art) 시도도 늘어나리라 기대합니다.

실제로 영국의 유명 그래피티 아티스트 뱅크시(Banksy)는 작품을 디지털 복제품으로 만든 다음, 원본은 불태우고 디지털 복제품을 NFT로 만들기도 했습니다. 예술계를 술렁이게 한 이 작품은 오픈시에 출품되었습니다. '뱅크시에 대해 뱅크시적 행동을 한다'라는 컨셉추얼 아트로 볼 수 있겠죠. 이를 예술작품으로 인정할 것이냐에 대해서는 의견이 갈리기도 하지만, 적어도 NFT가 없었다면 이런 시도는 불가능했을 것입니다. 이 시도를 보며 NFT가 생각하기에 따라 무한한 가능성이 있는 영역임을 새삼스레 깨닫게 됩니다. 예컨대 어떤 체험을 했을 때의 감각과 감정 자체를 소재로 한 디지털아트처럼, 지금까지의 발상으로는 나올 수 없는 독특한 NFT가 등장할 수도 있지 않을까요?

개중에는 '아티스트가 NFT로 돈을 벌다니 당치도 않다. 나는 더이상 팬이 아니다'며 어깃장을 놓는 경우도 보입니다. 전혀 말이 안 되는 논리입니다.

NFT의 등장으로 아티스트는 '가난한 예술가'라는 클리셰를 벗고 직접 주체가 되어 비즈니스를 운용하면서 안정적으로 생계를 영위할 가능성이 커졌습니다. 이것이 왜 문제가 됩니까? 아티스트들이 이런 불합리한 주장에 신경쓰지 않고 앞으로도 NFT에서 새로운 활동을 적극적으로 모색해가면 좋겠습니다.

'소비하는 문화'에서
'커뮤니티에 참여하는 문화'로

NFT에 의해 문화의 본질이 '소비'에서 '커뮤니티 참여'
로 바뀌고 있습니다.

NFT가 유행하면서 유명인들의 NFT도 늘었지만, 현재로
서는 그다지 각광받는 것 같지는 않습니다. NFT의 가치는
'유명한 ○○이 NFT를 만들었다'라는 사실보다는 멋진 반
전에서 나오는 것 같습니다. 또는 '이거 멋있는데' '귀여
워' '재미있어'라는 팬 커뮤니티의 응원을 받으며 가치가

올라가는 역동성에서도 재미를 찾을 수 있습니다. 지루한 원숭이도 처음에는 단순히 NFT아트를 판매하다가 토큰을 발행하고 상장까지 하며 하나의 경제권을 형성할 정도의 커뮤니티로 성장했습니다. 아트가 '소유하는 것'에서 '커뮤니티에 참여하는 것'으로 바뀌면서 구매자도 단순한 '고객'에서 '커뮤니티를 함께 성장시키는 구성원'으로 그 성격이 변했습니다. 즉 web3에서는 아티스트와 그를 좋아하는 사람 모두가 커뮤니티의 주체가 될 수 있다는 이야기입니다.

얼마 전에 후지하타 마사키(藤幡正樹)라는 미디어 아티스트의 NFT를 구매했는데, 판매방식이 대단히 흥미롭더군요. 먼저 1번부터 30번까지 각 작품에 가격을 매깁니다. 그리고 그 가격을 해당 작품의 구매자 수로 나누어 1인당 거래금액을 결정하는 방식이었습니다. 만약 1번 작품에 매겨진 가격이 10만 엔이고 그 작품을 사겠다는 사람이 5명이라면, 이 작품은 1부터 5까지 고유번호가 부여된 5점이 제작되고, 거래금액은 1인당 2만 엔이 됩니다.

참고로 제가 선택한 작품의 구매자는 저를 포함해 5명이었습니다. 800명이 넘는 구매자가 몰린 작품도 있었습니다. 이런 결과를 어떻게 해석할 수 있을까요?

제가 구매한 작품의 소유자는 저를 제외하면 4명이므로 소유자가 800명 이상인 작품에 비해 희소성이 높다고 할 수 있습니다. 그러나 다른 관점에서 보면, 제가 선택한 작품에는 사람들이 그다지 끌리지 않았다는 뜻이기도 합니다. 다시 말해 제가 구매한 작품의 커뮤니티는 많은 구매자가 몰린 작품 커뮤니티에 비해 규모가 상당히 작습니다. 물론 '좋아서 샀다'는 점이 가장 중요하지만, NFT의 세계에서는 큰 커뮤니티가 더 좋게 평가되는 분위기가 없지 않으니, 그런 점에서는 조금 씁쓸한 결과라고도 할 수 있습니다. 그렇게 이번 거래는 NFT아트 수집가로서는 살짝 복잡한 심경으로 끝났지만, 후지하타는 그런 '복잡한 심경'이야말로 본인 작품의 본질이라 말합니다.

커뮤니티의 '크기'와 '활성화 정도'를 기준으로 작품의 가치를 판단한다는 것은 NFT만의 특징입니다. 저도 NFT 아트를 구매할 때는 해당 아티스트의 커뮤니티가 활발하게 돌아가고 있는지를 파악하곤 합니다. 지루한 원숭이를 구매한 이유도 커뮤니티가 매우 활기차고 적극적으로 움직이고 있어서 즐거워 보였기 때문입니다. 분명히 이런 요소가 지루한 원숭이의 성공에 어느 정도 영향을 미쳤을 것입니다.

2021년에 큰 인기를 끌었던 일본 아티스트 카와이이 스컬(Kawaii SKULL)도 커뮤니티 형성에 성공한 좋은 사례입니다. 카와이이 스컬이 발행하는 NFT아트는 처음부터 1만 점으로 정해져 있습니다. 수가 너무 적으면 유명해지기 어렵고 너무 많아도 희소성이 떨어져 가격이 내려갑니다. 1만 점은 이상적인 커뮤니티 크기로 적절하다고 할 수 있습니다. 덕분에 그의 작품을 구매한 사람들 사이에는 은은한 유대감이 형성되고 있습니다. 카와이이 스컬을 PFP로 사용하는 트위터 계정끼리 서로를 팔로우하거나, 'GM(Good Morning을 뜻하는 web3 용어)' 인사를 나누는 등 친근한 소통이 이루어지고 있습니다.

같은 아티스트의 작품을 보유한 사람들의 커뮤니티가 형성된다는 것이야말로 NFT아트의 매력이 아닐 수 없습니다.

NFT로
팬 커뮤니티가 강화된다

2021년의 NFT 신드롬이 너무 급격하고 대단했던 탓에, 가치가 오르면 되파는 투기 대상으로 NFT를 바라보는 경향도 있었던 것이 사실입니다. 그러나 앞으로는 오히려 되팔지 않고 계속 보유하는 장기적인 가치를 가진 NFT가 중요해질 것입니다.

저는 연예기획사 자니즈 사무소의 고문직을 맡고 있는데, 2022년 자니즈 사무소는 콘서트 티켓의 일부를 NFT화하는 도전을 시작했습니다. 편의성 등의 측면에서 팬들에게 더욱 만족스러운 서비스를 제공하기 위한 시도입니다.

언제나 팬이 지불한 비용 이상의 가치를 선사한다는 신념으로 움직이는 기획사답게 자니즈는 팬 커뮤니티와의 결속이 무척 끈끈합니다. 그래서인지 팬 커뮤니티에서는 왠지 모르게 DAO와 비슷한 분위기가 느껴지기도 합니다.

자니즈의 콘서트는 대단히 인기가 많아서, 티켓 판매는 추첨으로 진행됩니다. 그러나 당첨된 티켓을 불법으로 전매하거나, 반대로 전매금지 방침 탓에 가족과 친구에게도 양도하지 못하는 경우가 발생하는 등, 높은 인기 때문에 발생하는 문제들이 항상 골칫거리였습니다.

이에 자니즈는 콘서트 티켓 NFT화의 초기 단계로, 자니즈 주니어가 무대에 서는 5월 공연에서 자니즈 주니어 팬클럽에 가입한 회원의 가족과 친구에 한해 티켓 양도를 허용했습니다. NFT티켓은 양도가 가능하고, 전매를 목적으로 구입하는 가짜 팬에게 이용당할 염려도 없습니다. NFT티켓은 블록체인으로 연결되어 누가 구매하고 누구에게 양도했는지가 기록되기 때문이죠. 물론 진짜 팬이라면 사정이 생겨서 어쩔 수 없는 경우에만 티켓을 양도할 테고요.

NFT티켓을 사용하면 '콘서트 티켓을 자주 사는데 매번 다른 이에게 양도하는' 수상한 이력이 감지되면 전매 목적으로 구매하는 '가짜 팬'으로 판단하도록 사전에 프로그램 해놓을 수도 있습니다. 이런 점에서 NFT티켓은 '팬의 진위'를 증명하는 일종의 증명서가 됩니다.

한편 팬에게 콘서트 티켓은 '추억이 담긴 물건'입니다. 많은 팬들이 좋아하는 아티스트의 콘서트 티켓을 소중하게 간직합니다. 실제로 유명 아티스트의 과거 콘서트 티켓이 옥션에서 높은 가격에 거래되기도 합니다. 자니즈 사무소의 아이돌그룹도 인기가 많으므로 이들의 NFT티켓은 콘서트가 끝난 이후에도 가치가 오를 가능성이 있습니다. 그러나 소중한 추억이 담긴 물건을 팔아버리는 진짜 팬은 많지 않을 것입니다. 팔지 않고 계속 가지고 있는 경우가 대부분일 것입니다.

이처럼 NFT티켓은 블록체인 기술로 신뢰도를 높인 입장권인 동시에 '추억'이라는 대체불가능한 장기적 가치를 지닌 기념품이 될 수 있습니다.

티켓의 NFT화는 말하자면 중개 플랫폼을 거치지 않고 팬과 직접 연결하는 'D2F(Direct to Fan)' 비즈니스입니다. 이러한 시도를 통해 자니즈 사무소와 팬 커뮤니티의 관계는 한층 더 돈독해질 것입니다. 자니즈뿐 아니라 콘텐츠 비즈니스는 기본적으로 팬 커뮤니티와의 유대가 강하고, 팬의 심리도 잘 알고 있다는 특징이 있습니다. 이 점을 효율적으로 web3의 토크노믹스에 적용한다면 콘텐츠 비즈니스의 가치도 한층 높아지리라 생각합니다.

'마음에 들어서 산다'는
자세가 가장 중요하다

　web3 업계는 차원이 다른 규모의 금액이 움직이는 사례가 많아서인지, '얼마나 벌 수 있을까?'에 대한 관심이 큽니다. 전형적인 피아트 이코노미의 가치관이죠.

　그러나 web3의 진정한 가치는 오히려 기존의 가치관과 다른 부분에서 찾을 수 있습니다. 이를테면 돈이 아니라 개인이 신념과 취향에 따라 좋아하는 일, 하고 싶은 일을 자유롭게 할 수 있는 것이 바로 web3입니다.

NFT도 어떤 작품이 억 단위의 고가로 거래된 경우만 화제가 됩니다. 언론에서 그런 기사를 주로 내보내는 것도 사실이고요. 이 책을 읽고 '나도 사볼까?'라는 사람이 늘어나는 것은 괜찮습니다. 그러나 '돈을 벌 수 있을 것 같으니 사볼까'라는 쪽으로만 생각하지는 않았으면 좋겠습니다.

　NFT를 구매하는 이유는 사람마다 각양각색입니다. 투자 목적인 사람이 모여들어 NFT 시장이 활성화된다는 긍정적인 측면도 물론 있습니다. NFT 마켓플레이스는 거래수수료가 수입원입니다. 전매하면 원래의 소유자는 물론이고 아티스트에게도 이익이 돌아갑니다. 그런 만큼 NFT 시장에는 '언제 가치가 오를까? 언제 팔까?'라는 투자자 마인드가 작용하기 쉽습니다. 그러나 한편으로 투자 목적이 아니라 순수하게 NFT아트를 좋아하는 사람이 많은 것도 사실입니다.

　저는 '마음에 들어서 산다'는 자세로 NFT를 대하는 것이 가장 좋다고 생각합니다.

　많은 NFT 아티스트와 수집가에게 들은 의견 가운데 제가 가장 공감했던 것은 다음 두 가지였습니다.

　'가격이 오르지 않더라도 가지고 있다는 사실이 행복한 것만 사야 한다.'

　'가격이 오르지 않는 것을 당연하게 여기고, 오르면 운이

좋다고 생각한다.'

최악은 가격이 오를 거라는 예상에 관심도 없는 작품을 샀는데 오르지 않아서 다시 팔지도 못하는 경우입니다. 그런 작품이 자신의 월렛에 계속 들어 있다는 것 자체가 눈엣가시입니다. 어찌어찌 팔게 되더라도 '가스비'라 불리는 판매수수료가 괜히 더 아깝게 느껴집니다.

하지만 본인이 응원하는 아티스트가 높은 평가를 받으면 순수하게 기분이 좋습니다. NFT는 누가 소유하고 있는지가 명확합니다. 따라서 소유한 작품의 가치가 높아지면 본인의 선견지명과 안목을 증명하는 효과도 있습니다. 물론 이것은 결과론입니다. 처음부터 돈벌이를 목적으로 가격이 오를 것 같은 작품만 골라 사는 것과는 의도 자체가 다릅니다.

저도 구매한 NFT아트를 되판 적은 거의 없습니다. 제가 기억하는 바로는, 지루한 원숭이의 NFT를 구매했는데 제 PFP로 쓰기에 적합한 것 같지 않아 다른 것으로 바꾼 경우, 링크를 클릭해서 열어야만 볼 수 있는 NFT아트를 구매했는데 막상 열어보니 취향에 맞지 않아서 전매한 정도입니다. 그때도 지금도 돈을 벌겠다는 목적이 아니라 순수하게 마음에 드는 작품을 구매하고 있습니다.

어떤 태국 아티스트의 NFT아트도 마음에 들어 구매했습니다. 해당 작품은 지금도 세계적인 이벤트에서 공개되곤 하는데, 작품을 전시할 때는 반드시 '이 작품은 이토 조이치가 소유하고 있습니다'라는 정보가 함께 제시됩니다. 또한 '이번에도 이렇게 전시되었습니다'라고 언제나 사진이 담긴 메시지를 보내줍니다. 메시지를 받을 때마다 기분이 좋습니다. 제가 산 작품을 많은 사람이 감상하고, 작품의 가치가 올라간다는 기쁨입니다. 돈을 벌기 때문이 아닙니다. 응원하는 아티스트가 높은 평가를 받는 것 자체가 제게는 '대체불가능한 가치'입니다.

이런 맥락에서 NFT아트를 구매한다는 것은 곧 아티스트의 후원자가 되는 것과 같습니다. 돈이 얽힌 스폰서나 작품을 소비하고 끝나는 소비자와 달리, 후원자는 해당 아티스트의 작품을 순수하게 좋아해서 응원하고 싶은 마음으로 구매합니다. 그리고 오랫동안 소유합니다. 아티스트도 그 마음에 대한 보답으로, 커뮤니티 구성원(구매해준 사람들)들에게만 작품을 공개하는 등의 특별 이벤트를 열곤 합니다. 이렇게 NFT아트를 통해 아티스트와 팬이 끈끈하게 연결되어 하나의 커뮤니티가 형성됩니다. NFT아트를 소유하고 있는 것 자체가 가치이자 기쁨이 되는 것이죠. 그런데도 '언제 가격이 오를까? 언제 팔면 돈을 벌까?'라는 생각만

한다면 NFT가 주는 진정한 재미를 누리지 못하게 됩니다.

 "복제 가능한 디지털아트에는 애초에 '원본과 복제품'이라는 개념이 존재하지 않는다. 만약 작가가 100개의 복제품을 만들어 판매한다면, 100명이 같은 작품을 소유하게 된다. 그렇게 생각하면 디지털아트란 작품 자체가 원본인 것이 아니라 '해당 작품을 접한다는 개인의 경험'이 원본이며, 그런 의미에서 디지털아트는 다분히 수행적(performative)이라고 생각한다."

 앞에서 소개한 미디어 아티스트 후지하타의 말입니다. 저도 이 의견에 동감입니다. 그리고 '경험'이라는 대체불가능한 가치는 단순히 돈벌이만 생각하는 사람은 맛볼 수 없다고 믿습니다. '돈을 벌 수 있을 것 같아서 산다'보다 '마음에 들어서 산다'는 마음가짐을 가져야 web3의 재미를 제대로 느낄 수 있습니다.

 게다가 개인 월렛에 담긴 내용물은 그 주소만 알고 있으면 누구나 검색해서 들여다볼 수 있습니다. 옷장은 개인적인 공간이지만 블록체인 기록은 누구나 검색할 수 있습니다. 삭제와 변경도 불가능합니다. 다른 사람이 내 월렛을 볼 수 있다는 사실을 의식하면서 NFT 작품을 구매하는 것이 좀 더 신중한 행보일지도 모릅니다. 다가오는 web3 시

대, 월렛의 내용물로 나라는 사람이 평가받을 수 있다는 것
도 간과할 수 없는 부분입니다.

돈으로 살 수 없는 것들이
자산이 된다

NFT가 무엇이냐는 질문에 현시점에서 할 수 있는 명확한 답변은 단어 뜻 그대로 '대체불가능한 토큰이다'라는 정도입니다. 즉 NFT는 아직 개념도 명확히 정립되지 않았을 만큼 새로운 테크놀로지라는 이야기입니다.

수요가 다양할수록 시장도 풍요로워집니다. 앞으로 디지털 월렛을 가진 사람이 늘어나면 '무엇을 NFT로 만들어야 사람들이 갖고 싶어 할까?'라는 아이디어도 다양해지고 그에 따라 새로운 NFT가 다수 탄생하게 될 것입니다.

이미 존재하는 NFT를 분류해서 'NFT는 이런 것'이라고 규정하는 건 간단합니다. 반면 이제 막 생겨난 NFT의 가능성은 미지수입니다. 미지의 가치를 어떻게 NFT와 연결할지는 어디까지나 사람들의 목적의식과 아이디어에 달려 있습니다.

어떤 것들이 가능한지, 제 머릿속에 떠오른 아이디어를 몇 가지 공유해보겠습니다.

- 영화제작 스태프가 입는 점퍼처럼 커뮤니티 구성원에게만 주어지는 전매불가 디지털 패션. 본인의 아바타가 착용하면 해당 커뮤니티의 일원임을 나타낼 수 있다.
- 커뮤니티에 기여한 사람에게 주어지는 전매불가 '감사 NFT.' 해당 NFT의 소유자는 커뮤니티에서 개최하는 이벤트에 참여할 수 있거나, 커뮤니티의 디지털 상품 등을 받을 수 있다.
- 레스토랑에서 훌륭한 매너를 보여준 손님에게 증정하는 전매불가 '우수고객 NFT.' 우수고객 NFT 소유자는 '회원제' 레스토랑을 예약할 수 있다.

어떻습니까? 이런 NFT는 당장이라도 만들 수 있습니다.

'전매불가' '양도불가'에는 '돈으로 환산할 수 없는 가치'를 자산으로 다룬다는 의미가 담겨 있습니다. 이렇게 발상을 전환하면 폭넓은 분야에 응용할 수 있습니다.

제 팟캐스트에서도 상담 메일을 보내주신 청취자분께 시범적으로 프로그램 오리지널 NFT를 선물하고 있습니다. 언젠가 이 NFT가 있는 사람들만 참가할 수 있는 이벤트도 개최하는 등, 커뮤니티를 활성화하려는 포석입니다.

범위를 조금 더 넓혀 사회적 의의가 있는 NFT도 만들 수 있겠지요. 예컨대 종교 행위나 학위를 NFT로 만드는 시도는 어떻습니까? 형태가 없는 종교 행위는 돈으로 환산하기 어렵고 장기적인 가치라는 두 가지 측면에서 NFT와 잘 맞는다고 생각합니다. 종교인이나 종교학자가 진지하게 논의한다면, 종교적 가치와 연결된 NFT라는 새로운 신앙의 형태가 탄생할지도 모릅니다.

하다못해 '예불 NFT'를 만들 수도 있습니다. 어느 절의 스님과 이야기를 나누다 떠오른 아이디어입니다. 1년에 한 번 절을 방문해 시주하면 부여되는 NFT입니다. 이 NFT는 다른 사람에게 팔 수 없지만, 상속의 형태로 양도할 수는 있습니다. 또한 방문과 시주가 끊기면 무효화되도록 프로그램하기 때문에, 신자는 적어도 1년에 한 번은 반드시 절에 와서 시주를 해야 합니다.

신앙심으로 이루어지던 행위를 의무로 만들면 '의미는 퇴색하고 형식만 남지 않을까?' 하는 우려가 생길 수도 있습니다. 그러나 종교 행위를 기술적으로 NFT화할 수 있다는 사실만큼은 대단히 흥미롭다고 생각합니다. 불공을 드리는 습관이 부모에게서 자녀로, 다시 손자손녀로 이어지면 예불 NFT는 50년, 아니 100년이 넘는 시간을 기록한 절과 가족의 계보가 됩니다. 지금까지는 고문서에 기록하던 내용을 이렇게 블록체인에 기록할 수 있습니다. 그렇게 되면 테크놀로지를 통해 공인된 '디지털 고문서'를 가보로 대대로 물려줄 수도 있겠지요. 이런 미래까지 상상할 수 있습니다.

비금전적이고 장기적인 가치라는 특성은 학위에도 해당합니다.

우리는 학위취득에 필요한 공부를 하기 위해 학비를 내지만, 학위 그 자체는 돈으로 살 수 없습니다. 그리고 학위는 '이 분야에 일정 수준의 학식이 있다'는 사실을 평생 증명해주는 것입니다. 그렇다면 '이 학문 분야를 수료했다'라는 것을 졸업증명서나 학위증명서가 아닌 NFT를 통해 증명하는 방식을 떠올려볼 수도 있지 않을까요?

때때로 저명인사의 학력위조가 구설에 오르곤 합니다. 학위 NFT가 정착되면, 졸업증명서가 위조인지 아닌지로 소란 피울 필요 없이 바로 확인할 수 있습니다. 학위 NFT가 월렛에 있으면 학위가 있고, 들어 있지 않으면 학위가 없는 것입니다. 이보다 확실한 '증명'이 어디 있겠습니까.

이와 비슷한 방식을 채택한 곳이 이미 있습니다. 2017년 MIT 미디어랩(MIT Media Lab)에서는 학위를 블록체인으로 발행하는 실험을 마쳤습니다. 블록서츠(Blockcerts)라는 디지털 학위 수여 및 관리 시스템으로, 현재 표준화를 염두에 두고 추진하고 있습니다. 제가 소장으로 있는 지바공업대학변혁센터(千葉工業大学変革センター)도 흐름에 동참해 학위발행을 위한 준비를 하고 있습니다.

말레이시아 교육부는 일찍이 2018년 11월에 학력위조 대책으로 블록체인을 이용해 학위를 발행하고 검증하는 시스템을 도입하기로 결정했습니다. 정치인의 학력위조뿐 아니라 인터넷에서 공공연하게 학위를 사고파는 등, 말레이시아에서는 학력사기가 심각한 사회문제였습니다. 일본의 경제산업성도 학위·과정수료·직업경력의 증명, 연구자료의 기록과 보존에 블록체인 기술을 사용할 수 있는지 검토하고 있습니다.

화폐경제는 지극히 합리적인 시스템이지만, 모든 것을 화폐라는 하나의 가치 기준으로 평가한다는 결함이 있습니다.

모두에게 보편타당해야 하는 합리성 때문에 어떤 사람에게는 가치가 있지만 어떤 사람에게는 그렇지 않은 것은 '자산'으로 취급할 수 없습니다. 그 결과 가진 돈으로만 평가하는 편향된 가치관도 등장했습니다.

그러나 우리 주변에는 화폐가치로 환산할 수 없는 것, 돈으로 살 수 없는 소중한 것이 훨씬 많습니다. 사람의 마음과 열정 그리고 오랜 시간 등 '맥락'이 담긴 것들이 그렇습니다. NFT는 그런 대상을 맥락까지 포함해 토큰으로 만들 수 있습니다. 화폐경제로만 돌아가던 기존 사회에서는 보기 어려운 완전히 새로운 가치의 표현법입니다. 새로운 테크놀로지는 지금까지 방치될 수밖에 없었던 비금전적인 가치를 한층 효과적으로 표현해줄 것입니다.

은행이 사라지고
이더가 달러를 능가하는 날

web3에서 형성된 크립토 이코노미는 기존의 피아트 이코노미에 대한 안티테제, 사회적 운동으로서 그 존재감을 더욱 키우고 있습니다.

그런 동향을 보여주는 좋은 예가 '뱅크리스(bankless)'를 주창하는 미국의 젊은이들입니다. 저도 지금 만약 10대였다면 이런 생활방식을 시도했을 것 같습니다.

대부분 10대 중반인 그들은 크립토 이코노미에서 번 가상통화를 가상통화 ATM에서 현금으로 바꿔 점심값을 내거나 하면서 생활합니다. 수입은 크립토 이코노미에서 얻고, 피아트 이코노미에서 이루어지는 경제활동은 소비뿐입니다. 그러니 현금을 맡겨두는 은행이 필요하지 않다는 것입니다.

이들 대다수는 부모님과 함께 사는 것으로 추정됩니다. 본인이 지불해야 하는 생활비가 그리 많지 않겠지만, 어쨌든 크립토 이코노미에서 얻은 수입만으로 생활하는 사람이 실제로 나타나고 있다는 것은 사실입니다. NFT로 벌어들이는 가상화폐가 많아지면서 '나는 평생 은행계좌를 만들 생각이 없다'고 장담하는 젊은이도 생겨나고 있습니다. 이런 운동에서는 기존 시스템과 가치관에 염증을 느끼고 사회에서 벗어나 작은 커뮤니티에서 생활하는, 역시나 1960~70년대 미국의 히피 문화와 비슷한 분위기가 느껴집니다.

크립토 이코노미가 더욱 확대되어 그곳에서 얻은 수입으로만 생활하는 사람이 늘어나면, 가상통화 ATM뿐 아니라 아예 가상화폐로 결제할 수 있는 가게도 늘어나는 등, 사회는 크립토 이코노미에 적응하는 방향으로 변화할 것입니다. 저도 NFT 아티스트와 식사하면서 가상통화 이더로 더치페이 금액을 상대의 월렛에 보낸 적이 있습니다. 일본에는 아직 가상통화 ATM이 많지 않아서 가상통화를 사용하기 불편하지만, 상황이 바뀌는 것은 시간문제입니다.

지금은 아직 상상하기 어려울 수 있습니다. 이것은 예를 들면 배달 음식을 전화로 주문하던 것에서 배달 앱을 켜는 행위로 바뀐 것과 비슷한 변화입니다. 처음 배달 앱으로 주문하고 결제했을 때는 '너무 간단하잖아!'라며 놀랐지만, 그 놀라움은 점차 사라져 일상이 되었지 않습니까? 가상통화 ATM와 가상화폐 결제도 그렇게 세상에 스며들 것입니다.

더 긴 안목으로 보면, 이더가 세계 최대의 통화가 되는 날이 올 수도 있습니다. 세계 최대의 암호화폐가 아닙니다. 미국달러 등 세계의 모든 통화 가운데 가장 큰 규모의 통화가 된다는 말입니다.

피아트 이코노미에는 국가라는 울타리가 있어서, 주요 통화라 해도 사용범위가 세계 인구의 절반을 넘지 못합니다. 반면 크립토 이코노미는 국경을 초월한 세계적인 경제권입니다. 만약 세계 인구의 과반수가 크립토 이코노미에서 경제활동을 하게 된다면, 그곳에서 유통되는 크립토(가상화폐)는 자연히 세계 최대의 통화가 될 것입니다.

아직은 많은 국가의 법과 인프라가 크립토 이코노미와

발맞추지 못하고 있습니다. 하지만 지금 이 순간에도 세계 각지에서 많은 이들이 크립토 이코노미로 유입되고 있습니다. 잠재적인 사용자도 포함하면 이미 상당한 비율을 차지하고 있을 것입니다.

이런 상황을 염두에 두고 미래 세계를 상상해보면 결코 엉뚱한 예측이 아닙니다. 이더로 대표되는 암호화폐가 전 세계에서 자연스럽게 통용되는 미래는 충분히 가능합니다.

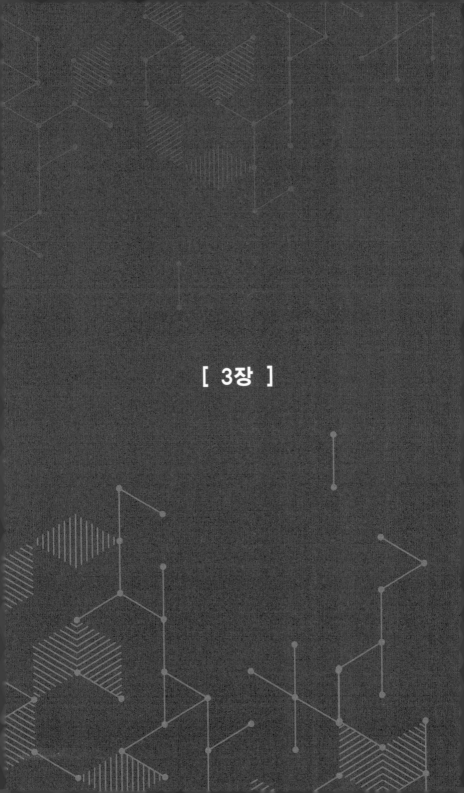

[3장]

나

: 몸, 마음, 시공간의 제약에서 자유로워진다

'신체성'에서 해방되는 인류

　서장에서 제 나름대로 메타버스를 '가상현실을 넘어 온라인상의 커뮤니케이션을 전제로 가치 교환이 이루어지는 공간'으로 정의했습니다. 가상현실은 물론 메타버스의 중요한 요소이지만, 메타버스에 가상현실만 있는 것은 아니라는 점을 강조하려는 의도였습니다.

　실로 메타버스에는 가상현실만큼이나 중요한 키워드가 더 있습니다. 바로 '다양성'입니다.

이를테면 '여기는 페이스북' '여기는 트위터'라는 플랫폼의 분단 없이, 다양한 온라인 커뮤니케이션 공간이 '초월적(mata)'인 '하나의 세계(universe)'를 형성하는 것이 메타버스라는 개념입니다. 정의에서 알 수 있듯이 메타버스는 공간과 공간의 왕래가 자유롭습니다. 공간의 다양성이 보장되는 것이죠.

아울러 메타버스의 다양성은 그 안에 '동등함'이라는 가치를 담고 있습니다. 즉 메타버스에 누구나 동등하게 참여할 수 있어야 합니다. 서두에서 소개한 소설《스노 크래시》의 등장인물들은 접속방식에 구애받지 않고 동등하게 메타버스에 참여할 수 있었습니다. 이처럼 메타버스는 성별, 인종, 장애 유무 등의 구별 없이 각자 가장 편한 방법으로 참가할 수 있다는 점, 다시 말해 다양성이 보장되는 점이 무엇보다 중요합니다.

메타버스의 다양성은 결코 허황된 이야기가 아닙니다.

단적인 예로, 가상현실에서는 자신이 원하는 모습으로 존재할 수 있습니다. '아바타'로 말이죠. 모양이나 형태가 인간일 필요도 없어서, 좋아하는 동물이나 캐릭터로 아바타를 만들기도 합니다.

아바타를 보며 '가짜'라고 거부감을 느끼는 사람도 있을지 모릅니다. 그러나 저는 오히려 메타버스를 통해 인간이 자신의 신체성에서 해방된다는 점에 주목합니다.

현실세계에 존재하는 우리는 의식적이든 무의식적이든 자신의 신체성에 따라 스스로를 규정합니다. 남자다, 여자다, 키가 크다, 작다 등 예를 들기 시작하면 끝도 없습니다. 신체성은 개인 정체성의 구성요소인 동시에 자신을 '나'라는 하나의 틀에 가두는 개념이기도 합니다.

이러한 신체성이 반영되지 않는 메타버스에서는 신체성에 의한 모든 제약도 사라집니다. 장애가 있어 이동이 불편한 사람도 메타버스에서는 아바타가 되어 홀가분하게 여행을 떠날 수 있습니다. 뛰어오를 수도 날 수도 있겠죠. 이것이 바로 누구나 동등하고 자유롭게 참여할 수 있는 메타버스의 다양성입니다.

일본의 VR아티스트 세키구치 아이미(せきぐちあいみ)는 작품을 제작하는 한편, 고령자 시설 등에 메타버스 체험을 제공하는 활동을 하고 있습니다. 낮은 문턱에도 걸려 넘어지곤 하는 노인분들도 메타버스에서는 자유자재로 이동할 수 있습니다. 덕분에 '내 마음대로 움직일 수 있다니!'라며 밝은 표정으로 기뻐하는 모습을 종종 본다고 합니다.

현실세계에서는 신체적으로 자유롭지 못한 사람들도 머

지않은 미래에 메타버스에서 새로운 인생을 영위할 수 있습니다. 그런 미래를 꿈꾸며 세키구치는 향후 루게릭병 환자들과 함께하는 메타버스 프로젝트를 추진하고 싶다고 합니다.

뉴로다이버시티,
'뇌신경 다양성'이 그리는 미래

신체성의 해방은 신체적으로 불편한 사람에게만 적용되는 게 아닙니다.

한번은 뉴로다이버시티(neurodiversity, 신경다양성) 연구의 일인자인 역사사회학자 이케가미 에이코(池上英子)와의 대담에서 대단히 흥미로운 이야기를 들었습니다.

자폐 스펙트럼이나 ADHD 등을 겪고 있는 사람은 타인과의 소통이 서툰 경우가 많습니다. 상대방과 시선을 맞추

고 말을 주고받는, 상대방의 사고와 감정을 읽으며 자신을
표현하는 데 어려움을 느낍니다. 이런 이들도 메타버스에
서는 자연스럽고 활기차게 사람들과 커뮤니케이션을 한다
고 합니다.

이 이야기를 듣고 다시 생각해보았습니다. 현실세계가
생각 이상으로 불평등한 커뮤니케이션 공간인 것은 아닐
까요.

미국 어느 산부인과의 신생아실을 관찰했더니 얼굴이
귀여운 아기일수록 살이 포동포동 올랐다는 흥미로운 연
구결과가 있습니다. 신생아실 간호사들이 얼굴이 귀여운
아기에게 분유를 더 많이 먹이는 경향이 있다는 것이 보고
서의 결론이었습니다.

이 연구결과에 현실세계의 불편한 진실이 반영되어 있
는 건 아닐까요? 갓 태어난 아기들조차 외양의 차이로 차
별받는다니, 너무 잔인하지 않습니까? 설령 신체적, 정신
적 이유로 불편을 느끼지 않더라도, 정도의 차이는 있지만
인간은 무의식적으로 자신과 타인을 규정하고 차별하곤
합니다. 인간의 인식이 낳은 수많은 불평등을 없애는 것은
우리 모두의 과제입니다.

메타버스는 테크놀로지가 인류에게 선사한 하나의 대안

이 될 수 있습니다. 크고 작은 차별과 불평등 속에 살아가는 우리를 격려해줄 수 있다면, 메타버스는 단순한 가상공간 이상의 존재가 될 것입니다. 기술적 기반은 이미 갖춰져 있습니다. 남은 과제는 우리가 어떤 미래를 만들고자 하는가입니다. 우리의 의지를 보여줄 필요가 있습니다.

web3에서 인간은
다시 한 번 '소유의 주체'가 된다

　자유와 참여라는 큰 이야기를 했으니, 이번에는 범위를 조금 좁혀서 메타버스의 또 다른 가능성을 생각해보겠습니다.

　가상현실은 이를테면 가상공간에 만들어진 '내 방'입니다. 이 낯선 세계에 발을 들이는 첫걸음을 NFT를 통해 뗄 수 있습니다.

　현실세계의 방과 달리, 메타버스에서는 물리적인 제약을

뛰어넘어 전 세계 사람들과 교류할 수 있습니다. 마음대로 방을 장식할 수도 있죠. 모처럼 구매한 NFT아트를 모두에게 보여주고 싶다면 메타버스야말로 최고의 전시장입니다.

여기서 핵심은 플랫폼의 제약이 없다는 것입니다. 플랫폼의 영향력이 강력했던 Web2.0에서는 온라인상의 결제 정보, 소속된 커뮤니티 등 개인의 네트워크가 플랫폼과 연결돼 있어서 다른 플랫폼으로 옮길 수 없었습니다. 모두가 이를 당연하게 여겼지만, 이것은 '이 가게에서 산 옷은 집으로 가지고 갈 수 없다'는 말과 다를 바 없습니다. 내 소유물인데 장소를 옮길 수 없다니, 말이 안 되는 이야기 아닌가요?

Web2.0은 인프라 위에 플랫폼이 존재하고, 플랫폼에 사용자 정보와 네트워크가 연결된 구조입니다. 그러나 web3는 블록체인과 연결되어 있습니다. 즉 인프라에 사용자 정보와 네트워크가 직접 연결되는 것입니다. 자신의 정보와 네트워크가 기록된 블록체인을 플랫폼으로 옮길 수 있으므로, 사용자는 하나의 플랫폼에 얽매이지 않고 본인의 네트워크 전체를 플랫폼에서 플랫폼으로 자유롭게 이동할 수 있습니다.

NFT 마켓플레이스에서 구매한 NFT아트를 가상현실 속 자신의 방에 장식할 수도 있고, 다른 커뮤니티 공간에서 자랑할 수도 있겠죠. 거래가 종료된 시점에 해당 거래이력은 내 블록체인에 기록되고 마켓플레이스에서 메타버스로, 메타버스에서 다른 커뮤니티 공간으로, NFT아트가 든 월렛을 들고 플랫폼 사이를 자유롭게 왕래할 수 있습니다. 옷 가게에서 구매한 옷을 집으로 가지고 와서 옷장에 넣고, 언제든 그 옷을 입고 외출할 수 있는 것처럼 말입니다.

자신의 소유물을 자유롭게 가지고 다니는 것은 현실세계에서는 너무나 당연한 일입니다. 물건만이 아니라 본인의 장부를 가지고 회계사나 변리사를 찾아가는 것도 얼마든지 가능합니다. 장부가 본인의 소유물이니까요. 그러나 Web2.0의 세계관에서는 온라인상에 장부를 기록하면 그 데이터는 대부분 플랫폼과 연결됩니다. 다른 플랫폼으로 기록을 옮길 수도 있지만, 어디까지나 플랫폼이 그런 기능을 제공하는 경우에 한해서입니다. 주도권을 플랫폼이 쥐고 있는 것이죠.

web3에서는 전혀 다릅니다. 블록체인에 기록된 개인의 거래이력은 개인 월렛에 들어 있습니다. 결산 처리를 하고 싶으면, 결산용 사이트에 개인 월렛의 주소를 입력합니다. 그것으로 결산 처리가 끝납니다. 세무 처리를 하고 싶으면 세무용 사이트에 개인 월렛의 주소를 입력합니다. 역시 단숨에 세무 처리가 끝납니다. 때로는 자신이 쓰던 것보다 한

결 좋아 보이는 애플리케이션을 발견할 때도 있죠. 그러면 고민할 것 없이 새 애플리케이션 사이트에 월렛 주소를 입력하면 됩니다. 개인이 데이터 주도권을 쥐고 서비스를 선택하는 크립토 이코노미에서는 더 편리한 애플리케이션이 더 활발하게 생겨날 것입니다.

저만 해도 암호화폐 확정신고서 작성 서비스인 코인리(Koinly), 개인 월렛 관리를 일원화해주는 재퍼(Zapper) 등을 이용해 블록체인과 관련된 결제는 물론 세무 등 각종 사무 처리를 손쉽게 끝내고 있습니다. 개인 월렛을 회계 툴에 접속하면 자동으로 결산될 뿐 아니라, 대응하는 국가의 서식에 맞춰 출력도 가능합니다.

이때 블록체인에 들어 있는 데이터를 각각의 사이트에서 취급할 수 있도록 변환합니다. 필요에 따라 툴을 결합하는 것인데, 여기서도 web3의 특징인 '결합성'을 확인할 수 있습니다. 그러나 월렛 주소를 입력해서 접속하는 것일 뿐, 데이터는 해당 사이트로 이동하지 않습니다. 참고하는 데이터는 어디까지나 블록체인상에 존재하고, 개인 월렛의 데이터는 변함없이 개인의 소유물입니다.

Web2.0에서는 이 당연한 일이 당연하지 않았습니다. 그러다 새롭게 등장한 블록체인이라는 테크놀로지가 인간에게 소유권을 돌려주었습니다. 조금 딱딱한 표현이지만, web3를 통해 인간은 비로소 디지털 세계에서 '소유의 주체'가 된 것입니다.

그런데 여전히 데이터를 옮길 수 없게 설정해둔 플랫폼도 더러 눈에 띕니다. 일전에 어떤 NFT 마켓플레이스에서 작품을 구매했는데 어째서인지 개인 월렛으로 옮길 수가 없었습니다. '오류인가?' 하는 생각에 사이트에 문의했더니 '구매자의 월렛으로 옮길 수 없다'는 답변이 와서 깜짝 놀란 적이 있습니다. 오류가 아니라 처음부터 그런 설정이었던 것입니다(이후 이 마켓플레이스에서도 월렛 이동이 가능해졌습니다). 한술 더 떠 구매한 NFT를 개인 월렛으로 옮길 수 없을 뿐 아니라 구매하자마자 '전매하겠습니까?'라는 메시지가 뜨는 NFT 마켓플레이스도 있습니다. '되파는 게 목적이라면 개인 월렛으로 옮길 필요도 없다'는 발상에서 나온 정책이겠죠. 장기적 가치를 생각하며 NFT를 구매하는 사람으로서 씁쓸할 뿐입니다. web3를 통해 인간이 비로소 소유의 주체가 되었다고 했지만, web3 관련 비즈니스에 종사하면서도 web3 정신에 어긋난 일을 하는 사람이 있는 것도 사실입니다.

web3 시대의
아이덴티티 관리

web3의 기술적 기반인 블록체인에 대해서는 이미 여러 차례 설명했습니다.

거래이력 위조가 사실상 불가능한 블록체인은 높은 투명성과 신뢰도를 자랑합니다. 이것을 반대로 해석하면 어떤 의미일까요? 네, '내 이력을 누구나 볼 수 있다'는 뜻입니다.

인터넷 검색기록이나 넷플릭스 시청기록 가운데 다른

사람에게 보이고 싶지 않은 항목을 슬쩍 삭제한 경험이 대부분 있을 것입니다. 처음부터 검색기록이 남지 않는 '시크릿 모드'를 가동하기도 하고요. 그런데 기록을 하나도 삭제할 수 없다고 상상해보십시오. 단 하나의 검색기록으로 '당신도 그런 사람이었구나' 하는 불명예스러운 낙인이 찍힐지도 모릅니다.

즉 블록체인의 투명성은 검색하는 쪽에는 안심을 주지만, 검색되는 입장에서는 이 때문에 생각지도 못한 곳에서 불필요한 오해와 비판을 받을 위험이 있습니다. 평상시에는 큰 문제 없겠지만, 크립토 이코노미에서 활동이 많아져 수입이 생기는 상황에는 문제가 됩니다. 문제가 있는 월렛인지, 수상한 거래를 한 적이 있는지가 머지않은 미래에 개인의 커리어에도 영향을 미치게 될 것입니다.

이런 이야기를 하노라면 필연적으로 프라이버시 문제에 부딪힙니다. 사생활 보호는 현대의 중요한 인권 이슈죠. 그러나 web3에서 개인의 월렛과 기록을 확인하는 것이 그 사람을 판단하는 하나의 방법임은 부정할 수 없습니다. 저도 관심 있는 NFT 컬렉터의 월렛을 확인할 때가 있습니다.

'누구나 볼 수 있고 언제든 검증될 수 있다'는 투명성이 사회의 기본값이 되면 이를 의식해 스스로 조심하고, 나아가 적극적으로 평판을 관리하려는 움직임이 더 커지지 않을까요? 그런 움직임은 지금도 찾아볼 수 있습니다. 어떤 사람은 월렛을 여럿 소유하고, 상황과 목적에 따라 연결하는 월렛을 구분해서 사용하기도 합니다. 온라인상의 핸들 네임(handle name)과 아이콘, 아바타 등을 필요에 따라 나눠서 사용하는 경우도 가정해볼 수 있습니다. Web2.0에서도 트위터나 인스타그램 계정을 공적 용도와 사적 용도로 구분해서 사용하는 사람이 많지 않습니까? 온라인 커뮤니케이션 공간에서 여러 아이덴티티를 사용하는 것은 비교적 흔히 볼 수 있습니다. 그 연장선상에서 미래의 web3 시대에는 평판관리로서의 '아이덴티티 관리'가 무엇보다 중요해질 것입니다.

생각해보면 나라는 존재는 실로 다양한 요소의 복합체입니다. 저만 해도 남성이고, 아버지이고, 특정 커뮤니티의 중심인물이고, 투자자이고, 게이머입니다. 이 밖에도 무수한 각각의 요소가 '나'라는 하나의 틀에 담겨 있습니다.

반면 내가 관계 맺는 커뮤니티는 제각기 다른 고유의 맥락이 존재합니다. 학부모 커뮤니티에는 양육이라는 맥락이, 투자자 커뮤니티에는 금융이라는 맥락이, 펑크록 팬 커뮤니티에는 펑크록 문화라는 맥락이 존재하죠. 그리고 해당 맥락에 맞는 언행을 하는지 여부로 개인의 평판이 만들어집니다. 펑크록의 분위기를 그대로 학부모 커뮤니티로 가져가 자유분방한 발언을 한다면 사람들이 눈살을 찌푸리지 않을까요? 개인은 다양한 일면을 가질 수 있지만, 바람직한 인간관계를 이어가려면 상황의 맥락에 맞게 행동해야 한다는 것이 사회생활의 상식입니다.

메타버스에는 애초에 '하나의 신체에 하나의 아이덴티티'라는 조건이 없기에 상황에 맞춰 여러 아이덴티티를 구분해 사용하기가 현실세계보다 훨씬 쉽고 간단합니다. 개인 월렛과 아바타는 물론이고, 상황에 맞는 말과 행동을 하는 데에도 마찬가지입니다. 일례로 1인칭 대명사만 해도 '나'라고 표현하느냐, '저'라고 하느냐, '본인'이라고 하느냐에 따라 표현되는 아이덴티티가 달라집니다.

다양한 아이덴티티 중 상황에 필요한 정보만 꺼내 쓰는 것도 물론 가능합니다. 게임에서는 성인, 어린이, 남자, 여자든 상관없이 게임의 성공을 위해 힘을 모을 수 있습니다. 이처럼 게임을 할 때는 게임 세계의 일원으로서 필요한 개인 정보만, 투자할 때는 투자자로서의 개인 정보만, 결혼정보회사에 가입할 때는 '누군가의 배우자 후보'로서의 개인 정보만 공개하면 됩니다. 이를 거꾸로 말하면, 특정 상황에 필요하지 않은 정보는 비공개로 돌릴 수 있다는 뜻입니다.

여기서 중요한 것은 현실세계의 속성으로부터 해방된다

는 사실입니다. 곤란한 부분을 감춘다는 의미가 아니에요. 핵심은 '모든 상황에 내 전부를 드러내야 하는가?'라는 의문입니다.

앞에서는 '모든 것이 드러난다'고 했는데, 앞뒤가 맞지 않는다고 느껴질지도 모릅니다. 예컨대 현실세계에서 구립 도서관에서 책을 빌리는 상황을 가정해보죠. 도서관 대출 카드를 만들기 위해 필요한 정보는 '해당 구의 주민'이라는 아이덴티티뿐입니다. 신분증 등으로 그 사실만 입증하면 누구라도 책을 빌릴 수 있습니다. 마찬가지로 NFT를 발행하는 기술적 기반인 블록체인에서는 '해당 구의 주민'이라는 특정 정보를 증명하고 싶을 때, 기밀정보를 공개하지 않고 증명하는 '영지식 증명(zero-knowledge proof)'이라는 기술을 개발하고 있습니다. 한마디로 '투명성'을 유지하면서 동시에 '비밀성'을 보장하는 기술입니다.

이처럼 NFT가 오가는 메타버스에서는 더 자유롭고 다양한 모습으로 '상황에 필요한 아이덴티티'로만 존재할 수 있습니다.

현실세계의 평판은 중요하지 않다

지금 크립토 이코노미에서는 흥미로운 현상이 일어나고 있습니다.

현실세계의 은행에서 높이 평가받는 사람이 크립토 이코노미에서는 그렇지 못하는 경우가 종종 있습니다. 반대로 대형 벤처캐피털이 가명으로 활동하는 인물의 비즈니스에 투자하기도 합니다. 현실사회에서 어떤 인물인지 상관없이, 크립토 이코노미에서의 실력과 비전만으로 평가한 결과입니다.

실제로 지루한 원숭이를 만든 가가멜(Gargamel), 고든 고너(Gordon Goner), 황제 토마토 케첩(Emperor Tomato Ketchup), 노 사스(No Sass)도 가명으로 활동하지만 높은 평가를 받고 있습니다. 그들이 현실세계에서 어떤 사람인지 잘 모르고 관심도 없습니다. 이처럼 피아트 이코노미의 평판이 더이상 크립토 이코노미에 영향을 미치지 않는 상황이 현실이 되고 있습니다. 크립토 이코노미에서는 오로지 '무엇을 했는가'라는 기여도를 중요하게 여길 뿐입니다. 이미 DAO나 NFT 비즈니스에 관심 있는 사람들 상당수가 크립토 이코노미에서 평판을 쌓는 데 열중하고 있습니다.

여러 아이덴티티를 구분하고 상황에 따라 효율적으로 사용하는 것, 맥락에 맞는 언동을 하는 것, 특정 상황에 필요한 정보만 공개하면서 구성원으로 활동하는 것, 나아가 피아트 이코노미의 재력은 잊고 크립토 이코노미의 커뮤니티에서 기여도를 높이는 것, 이 모든 것이 '아이덴티티 관리'로 자신의 평판을 관리하는 것입니다.

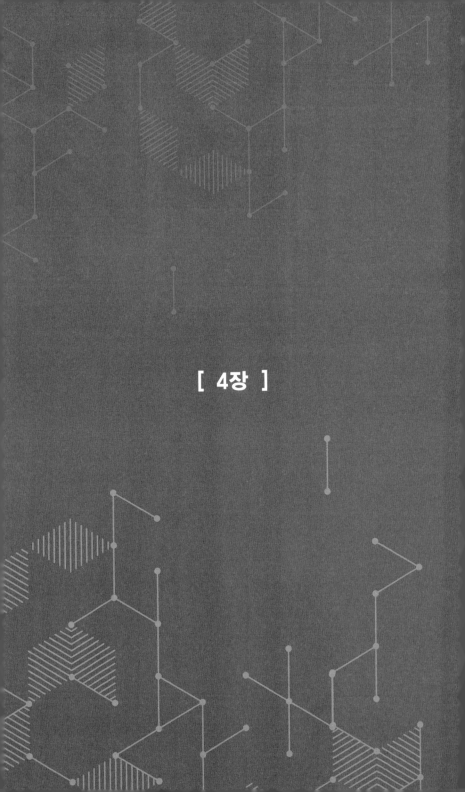

[4장]

교육

: 학력지상주의가 종언을 고한다

학력 이상으로
개인의 재능을 보여주는 것

'web3에서 배움은 어떻게 달라질까?'

'web3 시대에 필요한 교육은 무엇일까?'

이번 장에서는 이 질문들에 대해 생각해보겠습니다.

우선 확실한 것은 web3가 오랫동안 이어진 '학력지상주의'를 본격적으로 약화시킬 것이라는 사실입니다.

과거 이력을 속속들이 기록할 뿐 아니라 삭제와 변경이

불가능한 블록체인이 이력서를 대체하면, 수료증보다 더 정확하게 개인의 능력과 자질을 파악할 수 있기 때문입니다.

학교에서 어떤 학문을 공부했는지는 물론이고 학교 안 팎에서 어떤 활동을 했는지, 사회에 나와서는 무슨 커뮤니티에서 어떤 공헌을 하고 무엇을 달성했는지, web3 테크놀로지가 사회의 기반 룰이 되면 이런 모든 이력을 포괄하여 개인의 능력과 자질을 판단하게 될 것입니다.

앞서 3장에서 '아이덴티티 관리'라는 차원에서 개인의 평판관리에 대해 살펴보았습니다. 평판은 과거 이력을 바탕으로 만들어지는데, web3의 도래와 함께 평판을 쌓는 방법에도 큰 변화가 일어나고 있습니다.

제가 참여하는 'Henkaku' 커뮤니티에서도 구성원들이 새로운 시대에 걸맞은 평판을 쌓을 수 있도록 방안을 모색하고 있습니다. 우선 평판으로 이어질 수 있는 정보, 예컨대 어떤 업무를 완수했는지, SNS 팔로워는 몇 명인지, 무엇을 달성했는지, $HENKAKU 토큰은 얼마나 받았는지, 또 다른 어떤 커뮤니티(DAO)에서 무슨 일을 했는지, 깃허브 (GitHub, 소프트웨어 개발 플랫폼)에서 어떤 프로젝트에 참여했는지 등을 개인이 직접 관리하고 공개할 예정입니다.

누구에게 업무를 배정받았고, 완수한 업무를 어떻게 평가받고 보상받았는지는 커뮤니티의 기록물입니다. 개인의 주관이나 포장이 모두 배제된 지극히 객관적인 프로필이라 할 수 있죠. 이렇게 상세하고 정밀한 개인 프로필이 있다면, 이력서에 적힌 '학력'이나 '근무경력'은 점차 존재감을 잃지 않을까요?

미래의 교육 키워드는 '참여'

프로필에 학력을 넘어 개인의 전반적인 능력과 자질이 담기기 시작하면 그에 맞는 새로운 배움의 기회가 열리기도 합니다.

지금의 교육은 한 과정을 마치고 수료증을 받으면 기본적으로 끝입니다. 게다가 전문직이 아니면 본인이 공부한 내용을 업무에 적용할 기회도 생각보다 많지 않습니다. 한 마디로 배움과 일(직업)이 분리돼 있습니다.

본디 배움과 일, 놀이는 하나로 이어지는 것이 자연스럽습니다. '놀이' 없는 '배움'이나 '놀이' 없는 '일'은 동기부여는 물론이고 창의성도 쉽게 떨어집니다. 오늘날 일하면서 겪는 많은 문제가 사실상 여기서 비롯된 것 아닌가요?

web3에서는 '내가 배운 것' 또는 '지금 생각하는 것'을 모든 이에게 공개할 수 있습니다. 그럼으로써 개인의 능력과 자질을 평가받기도 하고, 다른 사람의 피드백을 들으며 새로운 배움의 기회를 얻기도 합니다. 말 그대로 '재학습(relearn)'인 것이죠. 재학습은 하나의 과정을 수료하는 것으로 끝나지 않고, 배운 것을 사람들과 나누면서 그 안에서 다시 배워가는 개념입니다. web3 패러다임에서는 이러한 재학습이 활성화돼 새로운 것을 배우면서 과제를 해결해나갈 것입니다. 경험(배움)을 쌓으며 성장하는 온라인게임의 퀘스트와 비슷하다고 할까요. 'Henkaku' 커뮤니티에도 놀이와 배움을 하나로 묶은 퀘스트가 있습니다. 필요한 지식을 습득해 과제를 해결하면 '퀘스트 달성'으로 인정하고 $HENKAKU 토큰을 지급하는 방식으로 진행됩니다.

web3 시스템은 아니지만 학습과정을 퀘스트 식으로 운영하는 학교도 있습니다. '포티투(42)'는 프랑스에서 시작해 미국과 일본을 포함한 세계 각국에서 사업을 전개하고 있는 엔지니어 양성학교입니다. 특이하게도 이 학교에는 수행과제만 있고 교사가 없습니다. 학생은 서로 협력하며 배우는 동료학습(peer learning) 방식으로 공부합니다. 경력도 상관없고 24시간 열려 있으며 온라인 학습도 가능합니다. '학년'이나 '졸업' 같은 개념도 없습니다. 각각의 학습은 빙고판 형식으로 표시됩니다. 자신이 배우고 싶은 칸을 하나씩 채워가면서 '이 학교에서 이런 기술을 습득했다'고 스스로 만족한 시점이 바로 결승선이 됩니다. 제 대학생 조카가 이 학교에 다녔는데, 대단히 즐겁게 배웠다고 하더군요.

게임의 퀘스트에서 영감을 얻어 만들어진 학교 형태, 즉 교사에게 톱다운 방식으로 배우는 것이 아니라 개인이 원하는 대로 학습하고, 동료와 협력해서 배우는 학교 형태는 모든 분야가 분산화(탈중앙화)하는 web3 시대에 더욱 주목받을 것입니다.

web3 시대에 배움의 일체화가 일어난다

Web1.0에서 Web2.0 그리고 web3로 진화하면서 '읽기' '쓰기' '참여' 등 할 수 있는 영역이 확장된다는 사실은 배움에도 그대로 적용됩니다.

Web1.0에서는 도서관에 가지 않아도 인터넷에 접속하면 다양한 지식을 얻을 수 있게 되었습니다. 물론 책을 통해서만 얻을 수 있는 지식도 있지만, 배움의 방법에 상당히 편리하고 감각적인 선택지가 추가된 것은 분명합니다.

Web2.0에서는 '직접 써서 발신한다'라는 형태가 더해졌습니다. 책이나 인터넷에서 일방적으로 지식을 흡수하는 것은 물론이고, 개인들이 정보를 발신하고 상호 논의하면서 더 깊은 배움이 가능해졌습니다.

그리고 web3 시대가 되었습니다. '참여형 배움'이란 한마디로 다른 사람과의 협업입니다. 1단계는 지식을 취득하고, 2단계는 취득한 지식을 발신하고, 3단계에서는 1~2단계의 경험을 바탕으로 다른 사람과 협력해 무언가를 만들어냅니다. 이 단계에서 배움의 일체화가 일어납니다.

단, 그러려면 열정이 필요합니다. 무언가를 시작하고 달성하고 싶다는 열정이 자신에게 없다면, 다른 사람과 힘을 합쳐 결과물을 만들어내는 방향으로 움직일 수 없습니다.

이는 오늘날 우리의 교육이 직면한 문제이기도 합니다.

유년기 교육에 대해 미국의 어느 연구기관이 흥미로운 보고서를 발표했습니다. 프리스쿨(preschool), 즉 유치원이나 어린이집에 다닌 아이들과 그렇지 않고 자유롭게 지낸 아이들을 비교 연구한 것입니다. 초등학교에 입학해 몇 년 동안은 프리스쿨에 다닌 아이들의 성적이 좋았지만, 3학년 이후 학년이 올라갈수록 자유롭게 놀며 지낸 아이들의 성적이 향상됐다고 합니다.

연구진이 관찰한 프리스쿨은 집단행동과 예의범절 교육을 중시했습니다. 그래서인지 프리스쿨에 다닌 아이들은 교사의 말을 잘 듣고 착실하게 공부하는 모범생이 되었습니다. 지시받은 일도 잘 수행했습니다. 그러나 스스로 배우는 자세, 다시 말해 열정을 만들어내는 힘을 기르지는 못했습니다. 그래서 프리스쿨의 연장인 초등학교 저학년 동안은 교사의 말을 잘 들어 좋은 성적을 거둘 수 있었지만 학년이 올라갈수록 교육과정을 따라가기가 점점 버거워진 것입니다. '무엇을 위해 배우는가?'라는 내재적 동기가 없는 상태에서 성적이 떨어지기 시작한 것이라 추측됩니다.

한편 프리스쿨에 다니지 않은 어린이들은 흔히 말하는 공부의 축적분이 없는 상태입니다. 당연히 당장은 좋은 성적을 받기 어렵습니다. 그러나 이 어린이들은 초등학교에 들어가기 전에 많은 놀이를 경험했습니다. '놀이'는 호기심을 키웁니다. 무엇이든 '놀이'로 만들어 즐기는 힘, '궁금하다! 해보고 싶다!'라는 적극성을 길러줍니다.

중요한 것은 풍부한 놀이 체험이 열정을 만드는 힘을 길러준다는 사실입니다. 이러한 토양이 있는 아이들은 초등학교에서 시작하는 공부 또한 놀이처럼 받아들입니다. '새로운 것을 배우는 즐거움'이라는 신선한 체험에 푹 빠져듭니다. 그렇게 자연스럽게 공부에 대한 내재적 동기가 커지고 주체적으로 공부한 결과 성적이 오르는 것입니다.

우리는 이 보고서를 어떻게 받아들여야 할까요?

물론 요즘은 놀이나 자연친화적인 활동을 중시하는 프리스쿨도 많으므로, 보고서 내용을 액면 그대로 받아들이는 것은 조심해야 합니다. 그러나 모든 아이를 평균화하는 듯한 획일화된 교육, 자발성이 결여된 학습, 어린이 특유의 상상력과 독창성을 발휘하지 못하는 수업방식 등, 그동안 교육의 문제점이 무수히 제기되어온 것도 사실입니다. '교육개혁'이라는 단어도 귀에 딱지가 앉도록 들었습니다. 그렇지만 현실은 그다지 달라진 것 같지 않습니다.

지시받은 내용 그대로 수행하는 똑똑한 사람은 많습니다. 그러나 '다소 특이한 사람'이란 말을 듣더라도, 자기 안에서 솟아나는 열정을 좇아 자발적으로 배우면서 세상에 없는 새로운 것을 만들어내는 힘을 가진 사람은 많지 않습니다. 우리의 현실입니다.

이 책을 집필하는 현재, 일본 출신의 노벨상 수상자는 29명입니다. 미국의 노벨상 수상자는 제가 졸업한 MIT 출신만 98명입니다. 이 숫자의 차이가 미국과 일본의 교육 차이를 단적으로 보여준다고 생각합니다. 단순히 똑똑하기만 한 사람은 노벨상을 받을 만한 획기적인 학설, 새로운 발견과 발명을 내놓을 수 없습니다.

물론 무엇이든 미국을 본받아야 한다는 말은 아닙니다. 미국의 극단적 개인주의에도 문제가 있으니까요. 여기서 말하고자 하는 핵심은 어떻게 교육을 미국화할 것인지가 아니라, 어떻게 열정에서 시작하는 배움을 가능하게 만들까입니다.

그 해결의 실마리를 web3에서 찾을 수 있습니다.

잠시 제 지인의 아들 이야기를 들려드리겠습니다. 열네 살 청소년인 그는 이미 DAO에 참여하고 NFT도 만들고 있는데, 저에게 "커뮤니티에서 디벨로퍼(developer, 개발사업자)에게 보수를 지급하려면 어떻게 해야 하나요?" 같은 질문을 하곤 합니다.

이 아이는 Web1.0 시대에 태어났습니다. 디지털 기기에 둘러싸여 성장한 디지털 네이티브로서 이미 인터넷으로 읽고 쓰는 경험이 축적된 상태입니다. 그리고 이제는 다른 사람과 협력해 무언가를 만들어내는 web3의 배움(참여)을 실천하고 있습니다. 자신이 하고 싶은 일이 있고, 그것에 필요한 지식을 습득하고 있습니다. web3에서 활동하고 있다는 사실 자체가 web3 시대가 필요로 하는 배움, 즉 열정에 기반한 배움을 추구하게 하는 것입니다.

사회의 구조를 바꾸는
통합된 교육이 필요하다

혼다의 창업자 혼다 소이치로(本田宗一郞)를 찍은 유명한 사진이 있습니다. 오토바이가 코앞에서 달리고 있는 와중에 혼다 회장이 땅에 손을 대고 있는 사진입니다. 엔진소리에 문제가 있는지 온몸으로 직접 느끼는 장면입니다. 기술에 정통하며 현장에만 맡기지 않는 리더의 모습이 인상적입니다. 기술을 제대로 이해하는 사람만이 발휘할 수 있는 리더십입니다. 소니가 전후 일본을 이끌어간 혁신기업이 될 수 있었던 것 또한 창업자 본인이 기술자였다는 사실과 무관하지 않습니다.

지금은 정부나 기업 할 것 없이 눈앞의 해결과제를 풀어가는 데 급급한 모양새입니다. 그 와중에 창조에 반드시 필요한 '왜?'라는 근원적인 질문은 사라지고 없습니다. 근원적인 질문을 던지려면 '원점'으로 돌아가서 생각하는 힘이 있어야 합니다. 그리고 여기에는 기술과 메커니즘에 대한 깊은 이해가 필요합니다.

다행히 web3 시대에 새로운 일에 도전하는 젊은이들은 기성세대보다 '왜 지금 이런 상황이 되었지?'라고 자문하는 데 익숙해 보입니다. 그리고 이를 바탕으로 새로운 기술을 이용해 컨셉을 만들어가고 있습니다. 기술을 제대로 이해하고 있기에 '원점'으로 돌아가 새로운 가치를 창출하는 것이 가능합니다.

오랫동안 교육 현장에 몸담았던 사람으로서 안타깝게 여기는 것이 있습니다. 유능한 기술자를 키우지 못하는 것도 염려되지만, 그보다 더 심각한 문제는 기술자의 사회적 위상이 정립되지 않아 유능한 기술자가 능력을 제대로 발휘하지 못하고 있다는 사실입니다.

지금까지의 교육은 문과와 이과를 철저히 나누는 것이

었습니다. 대개 문과생은 일반사무직, 이과생은 전문기술직으로 진로가 결정되었습니다. 그렇게 '문과 인재가 세운 계획에 따라 이과 인재가 일한다'라는 묘한 상하관계 같은 구도가 오랜 기간에 걸쳐 자리잡았습니다. 증권회사를 봐도 대다수의 일본 기업은 기술적인 부분을 IT회사에 외주를 주고 있습니다. 그러나 미국 기업에서는 직원의 절반이 엔지니어 및 개발자입니다. 임원급이 엔지니어인 회사도 적지 않습니다.

문과와 이과로 나누는 교육은 제조사라는 기술자 집단이 물건을 만들고 그 물건을 문과 집단인 종합상사가 일사천리로 해외에 판매했던 고도 경제성장기에는 힘을 발휘했습니다. 그러나 대량생산 대량소비의 시대를 지나, 이제는 web3에 의해 사회 모든 분야에서 분산화가 시작되려는 참입니다. 세상이 바뀌었는데 교육 시스템은 옛것 그대로인 것이 맞을지, 교육 시스템 자체를 다시 돌아볼 필요가 있습니다. 그 결과에 따라 국가경쟁력이 크게 달라질지도 모릅니다. 그런 만큼 임시방편식 교육개혁이 아니라 사회의 구조를 바꾸는 근본적인 개혁이 필요합니다.

아주 옛날에는 나무로 건물을 지었다가, 기술이 발달하면서 콘크리트나 유리 같은 새로운 소재가 등장했습니다.

이때 건축의 겉모습만 중요하게 여기고 재료의 성질에 대한 이해가 없다면, 소재만 바꿔서 같은 구조의 건물을 만들 것입니다. 건축 구조에 대한 올바른 이해에 '콘크리트는 이런 소재' '유리는 이런 소재'라는 지식이 더해져야 비로소 '지금까지 없었던 이런 구조의 건물을 지을 수 있다'는 발상이 떠오릅니다. 건축이 구조부터 바뀌면 그에 따라 거리의 설계와 기능도 변하기 시작합니다. 이것이 '구조개혁'이라는 말의 진정한 의미입니다.

그런데 지금의 사회 지도층을 보면, 새로운 소재를 전혀 이해하지 못한 채 건물의 겉모습만 놓고 바람직한 미래 건축물에 대해 논의하고 있는 것처럼 느껴집니다. 테크놀로지 전성시대에 테크놀로지에 어두운 사람들이 국가의 비전을 세우고 목표를 설정하고 있는 것입니다. 그러니 비전과 목표가 자꾸 핵심을 비껴가는 것도 당연합니다.

이러한 어긋남을 바로잡는 데 조금이나마 도움이 되고자 지바공업대학변혁센터를 시작했습니다.

제가 2019년까지 소장으로 있었던 MIT 미디어랩은 건축학부 산하 연구소였지만, 가장 중시한 것은 예술, 과학, 디자인, 엔지니어링을 통합적으로 사고하는 것이었습니다. 실제로 하버드대학 법학부 학생들과 협력해서 기술과 법률 측면에서 인공지능의 미래를 고찰하는 등, 자극이 될 만한 다양한 시도를 했습니다.

이와 같은 취지로 지바공업대학에서도 엔지니어가 법률과 경제, 미학 등을 함께 배울 수 있는 환경을 만들어가고 있습니다. 기술에 정통한 사람이 미학을 기반으로 사고하면 흥미로운 것을 만들어낼 수 있습니다. '상상하는 문과, 실현하는 이과'라는 구조를 부수고, 기술자가 가치를 인정받고 다양한 분야에서 능력을 발휘할 수 있는 사회를 만들면 국가경쟁력은 확실히 올라갈 것입니다. 그러기 위해서라도 역시 기술자의 위상을 높이는 것부터 시작할 필요가 있습니다.

동시에 문화 및 사회과학 분야도 테크놀로지에 좀 더 가까워질 필요가 있습니다. 잘 모르는 채 테크놀로지를 사용하는 것이 아니라, 블록체인 시스템을 공부하거나 DAO나 NFT의 가능성을 생각해보는 등, 자신의 지식을 기반으로 테크놀로지를 이해하려 시도하면 좋겠습니다.

최근에는 테크놀로지와 예술표현을 융합하는 미디어 아티스트들이 활발히 활동하고 있습니다. 스트리트 아트 전문가 중에도 테크놀로지에 해박한 사람이 많다고 합니다. 이런 사람들의 다양한 활동이 자극이 되어, 서로 다른 분야

의 지식과 인재들이 어우러지는 진정한 융합이 진행되기
를 기대합니다.

목적이 배움의 원동력이 된다

　일전에 대만의 디지털 장관 오드리 탕(Audrey Tang)과 대화를 나눈 적이 있습니다. 오드리 탕은 대만을 디지털 민주주의 혁신국가로 변모시키며 세계적인 주목을 받은 인물이죠. 그와의 대화에서 무척이나 'web3적'인 이야기를 들었습니다. 앞으로는 '목적'에서 시작하는 '목적 기반 학습(purpose based learning)'에 힘쓸 필요가 있다는 것이었습니다.

'프로젝트 기반 학습(project based learning)'이라는 개념은 이미 존재합니다. 말 그대로 프로젝트를 완수하기 위해 무엇이 필요한지 생각하면서 학습한다는 컨셉입니다. 그런데 오드리 탕이 말하는 '목적 기반 학습'은 프로젝트의 앞 단계에 '목적'이 있습니다.

예를 들어 '맑은 대기 환경에서 살아간다' '깨끗한 물을 마실 수 있게 한다'라는 목적이 먼저 존재하고, 그 목적을 이루려면 무엇이 필요한지 생각합니다. 그렇게 프로젝트가 시작되고, 필요한 것들을 학습합니다. 원대한 목적 아래 훌륭한 정책들을 실현해온 그답게 탁월한 컨셉이라 생각했습니다.

프로젝트 기반 학습의 과제는 '무엇을 프로젝트의 기점으로 삼아야 아이들의 의욕이 높아질까'입니다. 그 결과 아이들의 흥미, 관심, 취미에서 출발해 프로젝트를 완성하는 방법이 선택되곤 합니다. 반면 목적 기반 학습에서는 그 앞에 '사회에 기여하고 싶다'라는 큰 목적이 존재합니다. 그 목적 아래 다양한 프로젝트가 시작되고, 의기투합한 동료들과 함께 필요한 것들을 배우며 실천해 나갑니다. 목적에서 열정이 싹트고, 목적이 배움의 원동력이 됩니다.

이 모든 것은 지금까지 설명한 web3의 DAO와도 완벽하게 일치합니다.

아직 Web1.0이던 시절, 중학교 등에서 강연을 하면 종종 받았던 질문이 있습니다.

"인터넷이 도움이 되나요?"

그때마다 저는 "여러분은 무엇에 흥미가 있습니까? 딱히 어떤 것에도 흥미가 없다면 인터넷은 여러분에게 도움이 되지 않습니다"라고 대답했습니다.

인터넷은 지식과 정보를 얻는 수단입니다. 알고 싶은 지식과 정보가 없는 사람에게는 당연히 쓸모가 없습니다. '도움이 되는가?'라는 의문에 대한 답은 테크놀로지 자체가 아니라 자기 안에 있다고 알려주고 싶었습니다.

web3라고 다르지 않습니다. web3의 기술은 획기적이지만, 어디까지나 도구일 뿐입니다. 유용성은 사용자의 목적의식에 따라 크게 달라집니다. 애초에 목적이 없다면 Web1.0과 마찬가지로 web3도 무용지물에 지나지 않습니다.

이런 생각을 하고 있었기 때문에, 탕 장관이 말한 '목적 기반 학습'이 더욱 와닿았습니다. 자신 안에 '사회에 도움이 되겠다'라는 큰 목적이 있다면, web3의 테크놀로지는 무엇보다 큰 도움이 되고, 사회는 더 나은 곳으로 바뀔 것입니다.

물론 큰 목적을 가지는 것이 말처럼 간단하지는 않습니다. 이 때문에라도 앞으로의 교육에서는 아이데오(IDEO)가 주창하는 '창조적 자신감(creative confidence)'이 중요해질 것입니다. 자신의 창조성을 믿는 태도 말입니다.

　어린 시절에 창조성을 계속 부정당하면 '나는 안 된다'라는 자기인식이 형성돼 세상과 사물에 대해 자유롭게 생각을 펼칠 수 없습니다. 그 결과 의견이나 아이디어가 있어도 자신 있게 표현하지 못하게 되죠. '창조적 자신감'이 결여된 사람이 되는 것입니다. 톱다운 방식으로 내려온 지시는 문제없이 수행하지만, 생각하는 힘이 부족한 사람이 될 우려도 있습니다.

　DAO로 대표되는 web3의 탈중앙화 사회에서는 '나는 이런 일을 할 수 있습니다' '이런 것은 어때요?'라고 자발적으로 손을 드는 태도가 사회의 기본값이 될 것입니다. 창조적 자신감이 없는 사람은 web3 시대에 활약하기가 아무래도 쉽지 않을 것입니다.

　주위에서 응원해주면 창조적 자신감이 생겨난다고 하죠. 앞에서 소개해드린 뉴로다이버시티의 관점을 포함해 저마다 개성을 가진 개인이 자기답게 활기차게 성장할 수 있도록 교육은 물론 공동체 차원에서도 노력할 필요가 있습니다.

진정한 '기업가정신'을 키우자

2022년을 'web3 원년'이라 부르는 것에서 알 수 있듯, 새로운 테크놀로지의 시대는 이제 막 시작되었습니다. DAO, NFT, 메타버스… 새로운 테크놀로지로 가능해진 것들을 실제 우리 생활에 어떻게 적용할 것인지에 대한 아이디어도 속속 나오고 있습니다. 해결할 과제는 많지만 테크놀로지의 기반은 갖춰졌습니다. 이후의 성공은 우리의 생각에 달려 있습니다.

문제는 아이디어를 내놓고 그것을 강력하게 추진해서 실현하는 힘, 즉 기업가정신(entrepreneurship)이 싹트기 어려운 사회적 분위기입니다.

예를 들어볼까요? DAO의 가장 흥미로운 특징은 주주, 경영자, 종업원이라는 구분 없이 사용자를 포함한 전원이 프로젝트를 진행한다는 점입니다. 바꿔 말하면 사용자가 참여해서 운영할 수 있는 비즈니스는 모두 DAO로 만들어 평등한 분산적 거버넌스로 운영할 수 있다는 이야기입니다. 실제로 프리랜서 대상의 수/발주 네트워크를 DAO로 만들어 인력파견회사가 중간에서 높은 수수료를 가져가는 기존 구조를 바꾼 커뮤니티 등 흥미로운 사례도 많습니다.

NFT는 어떻습니까? 비금전적, 장기적 가치도 자산이 될 수 있다는 관점으로 바라보면 지금보다 훨씬 다양한 대상을 NFT로 만들 수 있습니다. 앞에서 소개한 콘서트 티켓의 NFT화가 단적인 예입니다. DAO나 NFT를 통해 지방자치 나아가 중앙정부의 거버넌스가 탈중앙화되고 민주적으로 변모하는 미래도 그려볼 수 있습니다. (이에 대해서는 5장에서 다시 다루겠습니다.)

그리고 메타버스가 있습니다. 시공간을 초월해 사람들과 교류하고, 그 세계에서 물품과 금전(토큰)을 거래할 수 있다는 이야기는 이미 많은 사람이 동의하는 '확실한 미래'입니다.

가상현실은 아무래도 게이머들이 가장 쉽게 이해하고 받아들이는 것 같습니다. 이 때문에 게임에 취미가 없는 분들 가운데는 가상현실을 남의 이야기로 여기는 경우도 적지 않습니다. '가상현실은 게이머들의 것'이라 단정하는 것은 너무 아깝지 않은가요? 현실세계의 신체성과 정체성에서 우리를 해방시키고 다양한 가능성을 제시하는 대상으로 받아들인다면, 메타버스를 활용하는 아이디어는 끝없이 떠올릴 수 있습니다.

한 사람 한 사람이 나름의 아이디어를 내고 공유하고 실현을 위해 행동하는 과정에서 사회는 web3 패러다임에 걸맞은 세상으로 바뀔 것입니다.

한편 고려해볼 만한 또 하나의 가설이 있습니다. 사실 사람들은 탈중앙화를 바라지 않아서, 결국 거대한 플랫폼에 모든 것을 맡기게 된다는 가설입니다. 실제로 독자적인 블록체인을 만들겠다고 발표한 플랫폼들도 있습니다. 그곳에서 구축한 네트워크는 다른 플랫폼으로 옮길 수 없습니다. 기술은 블록체인을 사용하고 있지만, 그 속에 담긴 사상은 전혀 web3적이지 않습니다. 하지만 사람들이 이 방식을 선택할 수도 있습니다.

저는 탈중앙화에서 web3의 의의와 가능성을 찾고 있기에, 기술적으로도 사상적으로도 web3화된 미래를 선택하고 싶습니다. 그런 선택을 위해서도 진정한 기업가정신이 반드시 필요합니다. 4장에서 설명한 '목적' '열정' '창조적 자신감'을 키워나갈 수 있는지가 중요한 열쇠가 될 것입니다.

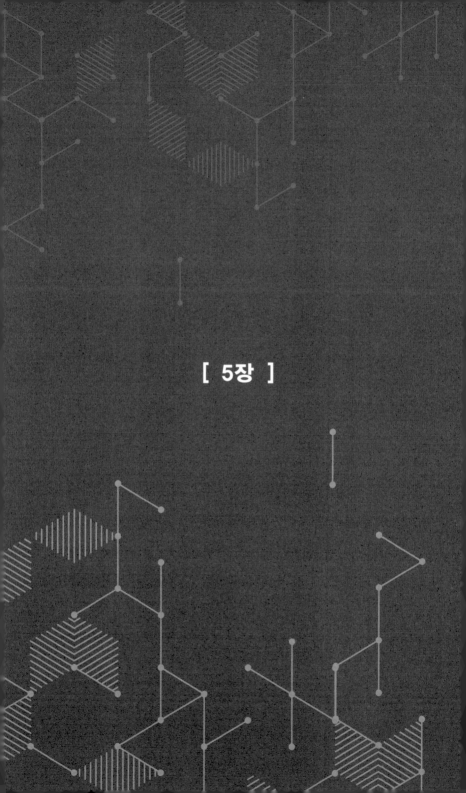
[5장]

민주주의

: 새로운 직접민주제가 실현된다

직접민주주의가 현실이 된다

일본 니가타현 나가오카시에 있는 야마코시(山古志) 마을은 주민이 8000명가량 되는 공동체입니다. 2004년 이곳에 주에쓰 지진이 발생했을 당시 주민은 2200여 명이었습니다. 지진으로 생활에 필요한 사회기반시설이 모두 파괴되다시피 했는데, 어떻게 이 마을의 주민은 외려 몇 배나 늘어났을까요?

재난을 겪은 야마코시 마을은 2021년 12월 지역 활성화의 일환으로 색다른 아이디어를 냈습니다. 세계적으로 유명한 지역 명물인 비단잉어를 그린 NFT아트를 판매한 것입니다. 구매자는 야마코시의 '디지털 주민'이 될 수 있다는 특전도 곁들인, 세계 최초의 시도였습니다.

디지털 주민에게는 '디지털 주민증'을 발행합니다. 디지털 주민증이 있으면 지역 활성화 회의에도 참석할 수 있고, 디지털 주민선거에 투표도 할 수 있습니다. 2022년 현재 NFT의 2차 판매가 실시되었고, 디지털 주민수는 실제로 그곳에 사는 주민수를 능가합니다.

NFT를 디지털 주민의 입증자료 삼아 마을 자치에 참여하게 한 시도가 신선하지 않습니까? 2022년 3월 현재 전매자가 한 명도 없다고 하니, 비금전적이고 장기적인 가치를 자산화하는 NFT의 특성을 오롯이 살린 훌륭한 시도라 할 수 있습니다.

이러한 사례에 비춰보건대 앞으로 web3가 행정에 적용되면 거버넌스의 민주화가 가속화되리라 예측할 수 있습니다.

지금의 거버넌스는 유권자가 자신의 의사를 반영할 대표자를 선택하고, 선출된 대표자들이 의회에서 토론을 거쳐 정책을 결정하는 대의제 민주주의(간접민주주의)입니다.

반면 web3의 가장 중요한 특징이 무엇입니까? 네, 탈중앙화입니다. 1장에서 DAO에서 일과 근무형태가 분산되는 원리를 말씀드렸는데, 똑같은 원리로 중앙집중화된 행정에서 분산적인 행정으로 이행될 수 있습니다.

대의제 민주주의의 문제점은 '의원이 유권자의 목소리를 대표해 행정을 책임진다'라는 원칙이 유명무실해지고, 실제로는 유권자의 뜻에 어긋나는 정책이 시행될 가능성이 있다는 것입니다.

예를 들어봅시다. 일본의 국민연금은 국가로부터 위탁받은 GPIF(연금적립금관리운용독립행정법인)에 의해 운용되는데, 대체 어떤 곳에 투자하고 있는 걸까요? 어쩌면 국민들의 이익에 어긋나는 사업을 하는 기업에 투자하고 있을지도 모릅니다. 국민들이 낸 자금을 정작 그들은 결코 용납하지 않을 기업에 투자하고 있다면 반발을 피할 수 없을 것입니다. 그러나 국민의 절대다수는 운용단체의 투자 결정에 전혀 관여할 수 없습니다.

만약 연금 운용단체가 DAO화되면 어떤 변화가 있을지 상상해봅시다.

연금 투자처를 결정하는 과정이 당장 직접민주주의 방식으로 바뀝니다. DAO에 참여해서 연금 투자처에 관한 의견을 말하고 싶으면 해당 연금운용 DAO의 거버넌스 토큰을 확보하면 됩니다. 피아트 이코노미의 화폐로는 거버넌스에 참여할 수 없지만, 토큰은 내 목소리를 내고 원하는 방향으로 결정되도록 힘을 실을 수 있습니다.

이처럼 web3 기술로 대의제를 혁신하면 또 어떤 변화가 일어날까요?

안건별로 프로젝트팀을 조직하고, 각 팀에 참여한 유권자 전원이 거버넌스를 움직이는 것이 가능해집니다. 국민의 목소리를 더 고스란히, 더 폭넓게 반영할 수 있음은 물론입니다. 야마코시 마을의 NFT를 소유한 디지털 주민들은 실제로 지역 활성화 프로젝트 회의에 참석합니다. 이미 일부 행정은 마을의회에 결정을 일임하는 대의제가 아니라 주민들의 토론과 결정으로 운영되고 있습니다.

야마코시 마을은 좋은 선례가 될 것입니다. 예컨대 지역 살리기의 일환으로 도입된 고향납세제도(ふるさと納税)를 DAO로 만들면 일본 전역에서 모인 기부금의 사용처를 DAO 구성원 전원이 직접 결정할 수도 있지 않을까요? 이런 사례는 앞으로 얼마든지 나올 것입니다. 앱에 현금을 충전해두면 포인트가 쌓이는 등의 디지털 지역화폐 제도를 시행하는 지자체라면 포인트를 거버넌스 토큰처럼 활용할 수도 있습니다. 엄밀한 의미에서 web3에 부합한다고 하기

는 어렵지만, 장래에는 지역 행정의 의사결정에 주민이 즉시 참여할 수 있는 web3적 시스템으로 발전할 수도 있습니다.

이런 시도가 먼저 소규모 지자체에서 순조롭게 시행되어 점차 대규모 지자체로, 궁극에는 국가 단위로 확대되는 것도 결코 터무니없는 망상이 아닙니다. 일부의 시도에 그치지 않고 국민 다수가 web3에 참여하면 세상은 반드시 달라집니다. 아직 시스템으로서 부족한 점은 있지만, 사회 모든 부문에서 거버넌스의 민주화가 가속화될 가능성은 충분합니다.

중우정치에 빠지지 않으려면

거버넌스의 민주화가 진행되면 다른 문제가 등장할 가능성이 있습니다. 군중심리에 의해 잘못된 판단을 내리는 '중우정치(衆愚政治)'가 대표적입니다.

web3의 특성이 투명성이라 하지만, 아무리 정보를 남김 없이 공개하더라도 그 내용을 올바로 이해하지 못하면 합리적인 판단을 내릴 수 없습니다. 표면만 보는 사람이나 주관 없이 주위 의견에 휩쓸리는 사람도 나타날 것입니다. 뭐든지 득표수로 판단하면 대중에 영합하는 포퓰리즘에 빠져버릴 수도 있습니다.

　관건은 투명하고 민주적인 의사결정과 중우정치 방지, 이 둘의 균형입니다.

　신뢰할 수 있는 전문가에게 투표를 맡기는 것도 하나의 해결책이 될 수 있겠지요. 다른 사람에게 판단을 맡기는 것이니 일종의 대의제인 셈이지만, 적어도 자신의 생각과 고민을 직접 전달할 수 있다는 점에서 기존의 대의제보다는 민주성이 확보됩니다. 그 밖에도 DAO 내부에 전문가가 모인 '서브 DAO(sub DAO)'를 만들어 그곳에서 중요 사항을 결정하는 등, 다양한 대안이 논의되고 있습니다.

　거버넌스 토큰을 이용한 '투표권'을 어떻게 부여할지에 대해서도 다양한 논의가 가능합니다. 일례로 출자금액에 따라 부여되는 거버넌스 토큰을 그대로 '투표권'으로 전환하면 돈을 많이 낸 사람의 의견이 통과되기 쉽습니다. 기업의 의사결정 방식으로는 합리적일지 몰라도 공동체의 의사결정 방식이라 하기에는 공정성이 떨어집니다. 돈이 아니라 커뮤니티 참여 이력이나 기여도를 투표권에 반영하는 방안도 생각해볼 법합니다.

　이처럼 web3에서는 지금까지는 불가능했던 거버넌스를

구현하는 다양한 시도가 이루어지고 있습니다. 저와도 친분이 있는 세계적인 법학자 로렌스 레식(Lawrence Lessig) 교수도 이런 움직임을 web3의 가장 흥미로운 점으로 꼽고 있습니다. 무엇보다 web3에서는 과거에 비해 월등히 투명한 거버넌스 운용이 가능합니다.

그러나 투명성만으로는 충분하지 않습니다. 자칫하면 질 높은 의사결정을 하지 못한 채 직접민주주의라는 이상에 빠져 헛돌 우려가 있습니다. 앞에서 대의제의 단점을 언급했지만, 기본적으로 대의제는 직접민주제보다 시간과 노력을 들여 심사숙고할 수 있다는 장점이 있습니다. 따라서 무조건 한쪽 방식을 따르기보다는 대의제 시스템을 일부 도입해 절충하는 묘를 발휘할 때 web3적 거버넌스의 실현 가능성이 더욱 커지지 않을까 싶습니다.

'지켜야 할 것'이
많은 기존 세계의 딜레마

이렇게 존재감을 키우고 있는 web3에 대해 기존 세계는
어떻게 반응하고 있을까요?

아마도 많은 사람이 '수상한데?' '위험하지 않을까' 하
는 의구심 반, '재미있어 보인다' '도움이 될 것 같다'라는
기대 반으로 web3의 발전상을 지켜보고 있을 것입니다.
아직까지는 초기 단계여서인지 이렇다 할 반대 움직임은
없는 것 같습니다.

그러나 web3가 영역을 넓히고 크립토 이코노미의 영향력과 존재감이 더욱 커진다면 기존의 피아트 이코노미는 큰 위기감을 느끼게 될 것입니다. 그 여파로 피아트 이코노미 중심부에서 규제 움직임이 나타날 수도 있습니다. 실제로 법정통화와 비슷한 역할을 하는 스테이블 코인에 대한 규제를 강화하는 움직임이 가시화되고 있습니다.

특히 피아트 이코노미가 견고한 국가일수록 크립토 이코노미를 거세게 견제할 가능성이 있습니다. 강력한 통화, 강력한 중앙은행, 강력한 대기업, 강력한 기존 산업 등 '지켜야 할 것'이 너무 많기 때문이죠.

크립토 이코노미를 어떻게 규제할지 아니면 그대로 두고 볼지, 여러 국가에서 고민이 깊어지고 있습니다. 제도를 도입했다 철회하기도 합니다. 기존에 보지 못한 새로운 경제권을 어떻게 다루어야 할지 시행착오를 거듭하는 중입니다.

중국에서는 2021년 9월 디지털 위안화 발행에 앞서 암호화폐 관련 서비스가 전면 금지되었습니다. 그러자 대량의 암호화폐가 단기간에 디파이로 흘러들었습니다. 강한 규제가 오히려 크립토 이코노미를 키운 셈입니다.

유럽에서는 독일이 암호화폐에 대한 과세를 강화한다고 발표하자 사람들이 포르투갈로 옮겨갔고, 이들을 받아들인 포르투갈도 결국 암호화폐 과세를 추진하기로 결정했습니다. 미국도 암호화폐에 대한 과세가 무거운 편입니다. 이 때문에 세금 제도가 유리한 싱가포르나 케이맨 제도로 이동하는 사람도 적지 않습니다. 중과세를 피하기 위해 크립토 머니가 전 세계를 무대로 도주극을 벌이고 있는 상황입니다.

이런 이유로 정세가 불안정한 국가, 경쟁력 있는 산업도 없고 자국 통화의 힘도 약한 국가, 다시 말해 피아트 이코노미가 취약한 국가일수록 오히려 크립토 이코노미가 빠르게 침투하는 경향이 있습니다. 크립토 이코노미에서 활로를 찾는 것밖에 다른 방도가 없다고 생각하는 것일까요. 현재 디파이 채용률 순위를 보면 신흥국이 상위에 다수 포진해 있습니다. 자국 경제에 불안을 느끼는 나라일수록 크립토 이코노미에 매력을 느끼기 쉽다는 것을 보여줍니다.

그렇다면 피아트 이코노미가 견고한 나라에서는 크립토 이코노미가 일시적인 신드롬 정도로 끝나버릴까요?

결론부터 말씀드리면 그렇지는 않을 것입니다. 아무리 피아트 이코노미의 견제가 강해도 많은 사람이 크립토 이코노미를 원하면 그 흐름을 막을 수 없기 때문입니다.

Web1.0 시절에도 처음에는 인터넷의 위법성을 주장하며 위축시키려는 움직임이 있었습니다. 그러나 눈 깜짝할 사이에 인터넷이 일상에 스며들면서 그런 시도는 자취를 감추었습니다. 인터넷에 반발하던 사람조차 당연한 듯 인터넷을 사용하기 시작했습니다.

크립토 이코노미에 대한 사회적 인식도 비슷한 길을 걷게 될 것입니다.

예를 들어 디파이는 잠깐 설명을 듣는 것만으로는 제대로 이해하기 어렵습니다. 그래서 더 미심쩍고 위험해 보이는 것이 사실입니다. 그러나 한 번만 직접 경험해보면 제대로 기능한다는 사실, 안정되어 있다는 사실, 우리에게 도움이 된다는 사실, 최소한의 주의만 기울이면 위험하지 않다는 사실을 알 수 있습니다.

이러한 체험이 사람들에게 폭넓게 퍼져나가면 '디파이로 자산운용을 하는 생활'이 자연스러워지고, Web1.0 시대의 인터넷과 마찬가지로 디파이 없는 금융은 생각할 수도 없게 될 것입니다.

더욱이 애초에 디파이를 규제하는 것 자체가 불가능합니다. 자율적으로 돌아가는 디파이는 규제할 '사업의 주체'가 존재하지 않으니 말입니다. 그 때문에 디파이란 무엇인지에 대한 법률적 정의도 명확하지 않은 게 사실입니다. 그럼에도 크립토 이코노미를 규제하고자 한다면 인터넷이나 블록체인 자체를 정지시켜야 합니다. 막대한 비용이 들 것이며, 무엇보다 그게 가능한지도 미지수입니다.

피아트 이코노미가 이런 딜레마에 빠져 있는 사이에 크립토 이코노미는 단숨에 국가 시스템을 넘어 세계화되었습니다. 그만큼 많은 사람이 크립토 이코노미에 매력을 느끼고 있다는 뜻입니다. 이 거대한 흐름에 맞서서 크립토 이코노미를 무너뜨리기란 결코 쉽지 않을 것입니다. 오히려 필요한 법률을 정비하면서 크립토 이코노미의 확산 속도에 발맞추는 것이 장기적으로 현명하지 않을까요?

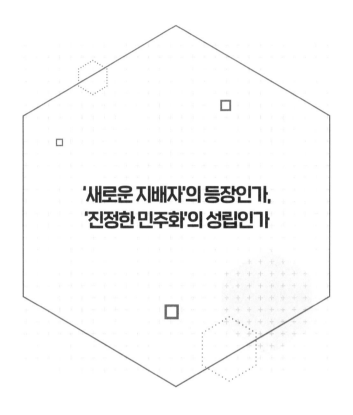

'새로운 지배자'의 등장인가, '진정한 민주화'의 성립인가

장점만 있는 시스템은 없습니다. 크립토 이코노미에도 많은 장점만큼이나 크고 작은 리스크가 존재합니다. 크립토 이코노미가 확대되면 중앙은행이 힘을 읽고 경제를 통제하기 어려워질 거라는 우려도 있습니다. 한마디로 경제의 회복력(resiliency)이 약해진다는 것입니다.

또한 크립토 이코노미는 규제하기 어려운데, 무법지대 상태가 결코 이상적인 것은 아니죠. 당연히 보안 면에서의 안전장치가 필요합니다.

예컨대 랜섬웨어는 암호화폐를 악용해 벌어지는 범죄입니다. 이런 종류의 범죄가 발생하기 쉬워진 만큼 보안의식이 높아지고, 사이버범죄에 대한 경찰의 대처 능력도 꾸준히 강화되고 있습니다. 그러나 범죄자들도 여간내기가 아닌지라 악순환이 계속됩니다. 테크놀로지의 발달에 발맞춰 범죄도 한층 지능화되고 있습니다. 일례로 2021년에는 미국의 송유관 관리회사 콜로니얼 파이프라인이 대규모 랜섬웨어 범죄의 타깃이 되어 440만 달러 상당의 비트코인을 지불해야 했습니다. 이후 FBI가 자금을 추적했지만 지불한 몸값의 절반에 해당하는 63.7비트코인(약 230만 미국달러)를 압수하는 데 그쳤습니다.

반대로 크립토 이코노미여서 억제 가능한 범죄도 있습니다. 피아트 이코노미의 금융기관에서는 위법적인 모든 결제를 차단할 수 없습니다. 그러나 거래의 투명성이 높은 가상화폐는 자금 출처와 소유자를 숨김으로써 법망을 피하려는 돈세탁 등에 대응하기가 어렵지 않습니다. 물론 돈다발로 가득 찬 가방을 들고 다니기보다 암호화폐로 돈세탁을 하는 편이 물리적으로는 간단하지만, '누가 했는지'를 추적하기가 수월하므로 결과적으로 암호화폐를 이용한 돈세탁은 줄어들 것입니다.

단기적으로 보면 크립토 이코노미에서 크고 작은 범죄 피해가 발생하는 것은 막기 어려울 것입니다. 하지만 중장기적으로는 보안기술이 발달해 한층 견고해질 것으로 예상됩니다. 물론 그에 상응하는 노력이 계속되어야 하겠지요.

개중에는 아예 국가 차원에서 불순한 의도로 가상화폐를 악용할 가능성을 걱정하는 사람도 있습니다. 아직은 가상화폐 규모가 국가 예산을 충당할 정도로 크지 않지만, 전 세계에 가상화폐가 계속 보급되고 결제량도 확연히 증가한다면 독재국가에서 가상화폐를 악용할 가능성도 배제할 수는 없습니다. 엘살바도르처럼 비트코인을 법정화폐로 인정한 국가도 등장했고요.

가상화폐로 돈세탁하기는 쉽지 않고, 가상화폐가 대중화되면 그만큼 보안도 확충될 테니 우려가 현실이 될 가능성은 크지 않다고 생각합니다. 사이버범죄와 마찬가지로 독재자가 가상화폐를 악용하기 전에 충분한 방어력을 갖출 것이라 생각합니다. 다만 독재자가 본격적으로 가상화폐를 운용하기 시작하면, 자산동결이나 국제결제망에서의 퇴출 같은 기존의 경제제재 효과가 약해질 우려는 있습니다. 가상통화는 국가 시스템을 초월합니다. 국가가 관리할 수 없다는 것은 국제금융 시스템에서도 빠져나갈 수 있다는 뜻입니다.

나아가 크립토 이코노미에서 새로운 지배자가 등장할 가능성도 고려할 필요가 있습니다.

크립토 이코노미로의 인구이동은 궁극적으로 중앙집중화된 피아트 이코노미 시스템에서의 이탈을 의미합니다. 그렇다면 옮겨간 곳에서 중앙집권적인 존재가 새롭게 등장할 가능성은 없을까요? 대단한 혁신이라고 했는데 결국 '오랜 지배자'에서 '새로운 지배자'로 바뀌고 끝나버릴 가능성 말입니다.

새로운 지배자가 등장할지, 아니면 web3의 가장 큰 장점인 탈중앙화에 의해 거버넌스와 금융의 민주화가 속도를 높이고, 이상적인 웹 세계관이 실현될지는 아직 아무도 알수 없습니다.

다만 한 가지 말씀드릴 수 있는 것은, 미래는 결국 더 많은 사람이 원하는 방향으로 움직인다는 사실입니다. 좋은 목적을 위해 web3의 탈중앙화를 활용하는 사람이 많아질수록 그런 사회가 실현될 가능성도 커집니다. 그래서 '테크놀로지는 나에게 무엇을 주는가?'라는 수동적인 자세가 아니라 '테크놀로지를 이용해 어떤 일을 할 것인가?'라고 적극적으로 묻고 참여하는 자세가 중요합니다. 아직은 많은 이들이 어렵게 느끼는 부분입니다. 그렇기에 더더욱 의식개혁이 필요합니다. 의식개혁은 테크놀로지 리터러시를 키우는 결과로도 이어집니다.

크립토 이코노미의 확산은 누구도 막을 수 없습니다. 사회적으로 바람직한 방향으로 유도하기 위해서는 그러한 목적의식을 가진 사람들이 초기에 크립토 이코노미에 익숙해지는 것이 최선의 방법입니다. 그럴 때 바람직한 방향으로 사람들의 의식을 움직일 수 있습니다. web3를 먼저 시작한 이들에게는 올바른 문화를 정착시키는 책임이 있다고 저는 생각합니다.

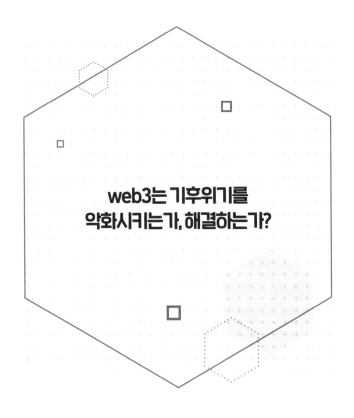

web3는 기후위기를
악화시키는가, 해결하는가?

    사회적으로 바람직한 목적의식이라고 하면, 어떤 것이 가장 먼저 떠오르십니까? 여러 가지가 있겠지만, 환경문제는 인류가 직면한 가장 큰 과제이므로 '환경문제 해결'은 사회적으로 바람직한 목적에 부합할 것입니다. 그렇다면 web3가 환경문제를 해결할 수 있을까요?

    '그렇다'고 생각할 분이 많지는 않을 것 같습니다. 오히려 우려가 더 큰 것이 사실입니다. 세상에는 NFT를 부정적으로 생각하는 사람도 많은데, 그중 대표적인 비판이 바로 '환경에 악영향을 미친다'는 것입니다. 2022년 2월 WWF(세계자연보호기금)가 펀드레이즈(펀드 설립을 위해 투자자에게 출자를 의뢰하는 것)를 목적으로 멸종이 우려되는 동물의 이미지 NFT를 판매하려고 했을 때, 환경보호론자들의 맹렬한 비난에 부딪혀 좌초된 일이 있었습니다. NFT는 현재 가장 높은 성장세를 보이는 시장 가운데 하나이니 그런 시장에서 펀드 자금을 모으는 것은 일견 타당한 아이디어라 할 수 있습니다. 그러나 '환경부담이 큰 시스템을 이용해 환경보호 활동을 하다니 대체 무슨 논리인가?'라는 비난에 부딪힌 것입니다.

블록체인은 채굴(거래 데이터를 승인하는 과정)할 때 화석연료 기반의 전기 에너지를 막대하게 사용하기 때문에 지구온난화에 악영향을 미치는 것이 사실입니다.

이를 인지한 이들의 개선 노력은 계속 이어지고 있습니다. 이더리움은 블록체인에서 작동하는 알고리즘을 환경부담이 큰 '작업증명(PoW, Proof of Work)' 방식에서 환경부담이 작은 '지분증명(PoS, Proof of Stake)' 방식으로 전환하고 있습니다. 이 밖에도 낮은 환경부담을 장점으로 내세운 블록체인이 여럿 등장했습니다. 비트코인 커뮤니티에서도 재생에너지로의 전환을 적극적으로 추진하고 있습니다. 탄소상쇄(Carbon Offset, 발생한 이산화탄소 배출량을 상쇄하기 위한 활동) 프로젝트 DAO도 많습니다.

오늘날 환경문제는 인류가 직면한 가장 큰 해결과제 중 하나임에 분명합니다. '환경부담 문제가 완벽히 해결되지 않는 한 web3에 동참하고 싶지 않다'는 것도 존중받아 마땅한 신념입니다. 하지만 web3는 기본적으로 커뮤니티를 기반으로 돌아가는 세계입니다. 즉 논의를 위한 토양과 문화는 이미 마련돼 있으니, 기술적인 과제는 함께 상의해서 해결해나가는 게 맞지 않을까요? 무조건 혁신을 외면하기보다는 말입니다.

실제로 여러 프로젝트 DAO가 환경문제 해결을 위해 적극적으로 움직이고 있습니다. 올바른 목적을 가진 사람이 테크놀로지를 사용하면 사회는 올바른 방향으로 움직인다고 말씀드렸죠. 그 말처럼 많은 이들이 더 좋은 세상을 만들고 싶은 열망으로 web3에 모여드는 듯합니다. 탈중앙화되고 민주적이라는 web3 본연의 속성이 이러한 행동을 촉진하는 것이겠지요. 생색내기식 활동이 아니라 진정성을 갖고 움직이는 만큼, web3에서 환경문제를 해결하는 단초를 찾아낼 가능성도 있다고 생각합니다.

예를 들어볼까요? 환경문제 중에서도 온실효과를 일으

키는 탄소배출이 국제적 이슈가 되어 수차례 대화와 협의가 이루어지고 있지만, 자국의 이익을 셈하느라 실질적인 성과는 전혀 없다고 할 정도입니다. 반면 web3로 눈을 돌리면 다양한 아이디어를 기반으로 탄소 배출량을 줄이기 위해 노력하는 흥미로운 DAO를 찾을 수 있습니다.

예컨대 걸어서 이동하면 토큰을 받을 수 있는 DAO가 있습니다. 자동차처럼 이산화탄소를 배출하는 교통수단을 이용하지 않음으로써 지구온난화 억제에 기여하면, 그에 대한 보상으로 토큰을 지급하는 간단한 원리로 움직이는 DAO입니다.

최근에 저는 탄소배출권을 사들이는 DAO의 활동을 주목하고 있습니다. 이들은 다른 DAO가 토큰화한 탄소배출권(carbon credit)을 구매해서 계속 트레저리(Treasury, DAO의 금고와 같은 개념)에 보관합니다. 이 DAO가 탄소배출권을 사 모을수록 탄소시장에 유통되는 탄소배출권이 줄어들고, 수요와 공급의 법칙에 따라 탄소배출권 가격은 올라갑니다. 그렇게 되면 기업은 가격이 오른 탄소배출권을 구매하기보다 이산화탄소를 저감하는 편이 비용관리 면에서 낫다고 판단할 것입니다. 결과적으로 지구온난화 억제로 이어지겠죠.

그뿐이 아닙니다. 탄소배출권의 시장가격이 올라가면 탄

소배출권 토큰을 많이 보유하고 있는 DAO의 가치도 올라갑니다. 따라서 해당 DAO에 참여하는 환경의식이 높은 사람들은 최종적으로 돈도 벌 수 있습니다.

탄소배출권에 대해서는 누가 배출하는지만 달라질 뿐 이산화탄소 저감에는 그다지 효과가 없다는 비판도 있습니다. 그러나 이 DAO는 탄소배출권의 시장유통량 자체를 통제함으로써 기업의 대응을 '탄소배출권을 구매해서 이산화탄소를 배출한다'에서 '이산화탄소를 저감한다'로 바꾸게 합니다. 이것이야말로 아이디어의 승리라 할 수 있지 않을까요?

모든 사례를 소개할 수는 없지만, 이산화탄소 저감을 위해 노력 중인 DAO는 그 밖에도 많습니다. 모두가 참신한 아이디어를 기반으로 착실하게 성과도 내고 있습니다.

환경문제는 국제사회가 하나가 되어 추진해야 함에도 여러 이해관계가 얽혀 있어 좀처럼 힘을 모으기 쉽지 않습니다. 톱다운 방식으로 강력하게 추진하기 어렵다면, 방금 살펴본 사례처럼 아래에서부터 풀뿌리 운동을 하나둘 쌓아가는 편이 오히려 가능성이 있을지도 모릅니다. 큰 조직이 움직인다고 반드시 큰일을 성공시키는 것은 아닙니다. 지금까지 정부나 대기업만 관여하던 분야에 일반시민이 참여할 수 있게 되었다는 점에서도, 환경문제를 해결하는 web3 시대의 커다란 가능성을 발견할 수 있습니다.

앞으로 몇 년,
web3의 골든타임

web3 시대를 위해 지금 제가 할 일은 '다리 역할'입니다.

하나는 상하관계를 연결하는 다리 역할입니다. 이미 많은 이들이 풍부한 지식을 가지고 web3 세계에서 활약하고 있지만, 그렇지 못한 이들이 아직은 훨씬 많습니다. 특히 정책을 집행하는 정부에 테크놀로지를 깊이 이해하는 사람이 부족합니다. 다행히 저는 web3 분야에도, 일본 정부에도 인맥이 있으니 이를 활용해 '테크놀로지는 잘 모르지만 국정에 대한 권한을 가진 사람들'과 '국정 권한은 없지만 테크놀로지 지식은 풍부한 사람들'을 연결하는 다리가 되고자 합니다.

신구세대를 연결하는 다리 역할도 중요합니다. web3의 최전선에서 활약하는 사람들에게는 Web2.0에서 활동하던 사람들에 대한 불신이 조금 있습니다. Web2.0 측에도 갑자기 유행한 web3를 회의적으로 바라보는 사람들이 일부 있습니다. 이러한 단절을 뛰어넘어 신구세대가 연결된다면 web3는 더욱 거대한 문화적, 사회적 변화를 일으킬 수 있을 것입니다.

지금까지 저는 Web1.0과 Web2.0 그리고 인터넷에 밀접히 관여된 활동을 해왔습니다. 개인활동을 통해 web3의 젊은 세대와도 교류했습니다. 그런 만큼 온라인 세계의 신구세대를 연결하는 역할에도 최선을 다할 생각입니다. 아울러 web3 사업에 투자하고, 대중매체를 통해 web3를 널리 알리고 관심 있는 DAO와 NFT를 소개하는 등, web3의 발전에도 다양한 방식으로 계속 기여하고자 합니다.

부정적인 이야기는 별로 하고 싶지 않지만, 이제 막 web3에 발을 들여놓은 이들을 위한 주의 환기도 필요합니다. 'web3는 이런 것이다' '이런 것은 web3가 아니다'라는 정확한 정보를 내보내는 것 또한 이 세계에 먼저 발을 들인 제 역할입니다.

개중에는 web3 테크놀로지를 이용하면서도 사용자를 자신의 플랫폼에 묶어두려는 '가짜 web3'도 있습니다. 이런 플랫폼에만 머문다면 web3 본연의 가치를 절반밖에 누리지 못하게 됩니다. 이런 '가짜 web3'를 만났을 때 '내 NFT를 어째서 내 월렛으로 옮길 수 없는가!'라고 항의하지 못하고 그냥 받아들인다면 개선은 더뎌지고 비슷한 피해만 늘어나게 됩니다. 잘 모르는 사람이 'web3는 원래 그렇구나' 하고 오해하는 일이 없도록, 제가 안내자 역할을 할 수 있기를 바랄 뿐입니다.

앞으로 몇 년이 우리 사회에 web3의 개념을 올바로 정립하는 골든타임이 될 것입니다. web3의 이점을 제대로 누리기 위해서라도 누군가에게 일임하는 자세에서 벗어나, 본인이 직접 이것저것 찾아보면서 조금씩 체험해보는 것이 좋습니다. 그 노력이 우리의 디지털 리터러시를 높여줄 것입니다.

web3 세계에 입문하는 연습

 'web3가 뭔지 나도 한번 체험해볼까' 하고 호기심이 생긴 이들에게 제가 추천하는 시작법이 있습니다. 여러 차례 강조했듯이 web3는 리스크 제로의 세계가 아닙니다. 조심할 부분은 조심하면서, web3의 재미를 직접 느껴보시길 바랍니다.

 web3 세계에서는 무엇을 하든 토큰이 필요합니다. 먼저 개인의 토큰을 넣어두는 '월렛'과 법정통화를 암호화폐

(예컨대 이더)로 교환하는 가상자산거래소의 '계좌'를 개설합니다. 이것으로 시작할 준비는 되었습니다. 참고로 이더리움 지지자들이 애용하는 월렛 메타마스크(MetaMask)가 2022년 3월부터 애플페이 결제를 지원하기 시작했습니다. 거래소를 통하지 않고도 애플페이로 간편하게 이더리움 등 암호화폐를 구입할 수 있게 된 것이죠.

월렛과 가상자산거래소 계좌를 만들었다면, 가장 간단하게 할 수 있는 것은 NFT 구매입니다. 오픈시 등의 마켓플레이스에 출품된 NFT를 보고 마음에 드는 것이 있으면 구입해보세요. 이때 NFT 위조품을 판매하거나, 누군가 일방적으로 보낸 NFT를 여는 순간 월렛의 내용물을 전부 훔쳐가는 등의 '크립토 이코노미형 사기'도 없지 않으니 주의가 필요합니다.

NFT 초심자가 새겨두면 좋을 점을 몇 가지 정리해봤습니다. NFT와 친해지는 접근법이라 할까요.

- 처음에는 손해를 봐도 괜찮은 금액으로 시작한다.
- 수익을 올리기보다는 마음에 들어서 구매하는 것을 추천한다. 즐거운 마음이 가장 중요하다.
- 월렛은 그 자체로 당신을 설명한다. 다른 사람이 봐도 괜찮도록 관리에 신경쓴다.

- 자신과 같은 NFT 프로필 이미지를 사용하는 사람을 SNS에서 팔로우한다.
- 구매한 NFT의 커뮤니티에 참여한다.

모든 일에는 이점과 위험성이 있고, NFT 역시 마찬가지입니다. NFT를 즐기기 위해서는 다음의 주의사항도 마음에 새겨두어야 합니다.

- 돈을 벌려는 마음으로 NFT를 시작하지 않는다.
- NFT아트는 단기 전매를 반복하지 않는다.
- 모르는 사람의 SNS 메시지는 함부로 받지 않는다.
- '월렛 관리'와 'NFT 구매 결정'은 남에게 맡기지 않는다.
- NFT는 글로벌이 기본이다. 영어라는 이유로 어려워하지 말자.

NFT를 구매하고 좀 더 관심이 생긴다면 DAO도 체험해보시기를 권합니다. 이제 막 참여한 커뮤니티의 운영에 관여하기는 조심스러울지도 모릅니다. 기본 언어가 영어이므로 언어장벽도 존재합니다. 그러니 처음에는 이 DAO에서 사람들이 어떤 대화를 나누고, 프로젝트가 어떻게 진행되고 있는지 살펴보는 것을 추천합니다.

전 세계 다양한 토큰의 시장가격을 한눈에 확인할 수 있는 코인마켓캡(CoinMarketCap)이라는 사이트가 있습니다. 토큰을 발행 상장하는 프로젝트가 거의 다 소개되어 전체 흐름을 파악하는 데 유용합니다. 또한 '환경문제 DAO' 등 '관심사+DAO'를 영어로 검색해서 원하는 DAO를 발견할 수도 있습니다.

DAO 사이트에 방문하시면 우선 '백서(White Paper)'를 읽어보십시오. 말하자면 투자신탁의 투자안내서와 비슷합니다. 해당 DAO가 어떤 가치관을 바탕으로 어떤 목적을 위해 설립되었으며 어떻게 기능하고 있는지, 참여하기 위해서는 어떻게 해야 하는지 등을 정리한 글입니다.

DAO 사이트는 기본적으로 프로젝트의 취지를 소개하고 구성원을 모집하기 위해 존재합니다. 실질적인 커뮤니티 활동은 디스코드(Discord)라는 채팅 서비스에서 이루어지는 경우가 많습니다. 대부분의 DAO 사이트에는 'Join our community' 같은 형식으로 해당 커뮤니티의 디스코드 채널로 연결되는 '입구'가 있습니다. 디스코드에 무료 등록을 마치면 사이트의 안내에 따라 디스코드 내의 커뮤니티로 들어갈 수 있습니다. 아마도 많은 글과 댓글에 놀라겠지만, 꼼꼼히 읽어보면 사람들이 무엇을 하고 있는지 알 수 있습니다.

앞에서 소개한 탄소배출권 통제방식 외에도 색다른 접근방식으로 환경문제에 착수하는 DAO, 아바타를 꾸미는 패션 아이템을 만드는 DAO 등 앞으로 더욱 다양한 DAO가 등장할 것입니다. NFT 게임을 서비스하는 개발회사가 운영하는 게이머 대상 DAO처럼 무료로 참여할 수 있는 커뮤니티(디스코드 등)도 이미 많습니다. 백문이 불여일견입니다. 커뮤니티에 직접 참여해서 게시판의 대화를 보는 것만으로도 재미를 느낄 수 있을 것입니다.

다만 DAO 중에는 '당신의 NFT를 고가에 팔지 않으시겠습니까?'라는 메시지를 보내 NFT나 암호화폐를 훔치려는 사기꾼도 있다고 하니 주의가 필요합니다.

지금까지 소개한 내용은 어디까지나 크립토와 web3에 관한 일반적인 정보일 뿐, 이에 대한 투자를 권유하는 글은 아닙니다. 특정 토큰을 추천하기 위한 글도 아닙니다. 크립토 투자와 매매는 대단히 리스크가 큽니다. 한번 해보고 싶다는 마음이 생겼다면, 반드시 전문가의 조언을 구한 후에 참여하십시오. 또한 최종적인 투자 결정은 반드시 스스로 해주십시오.

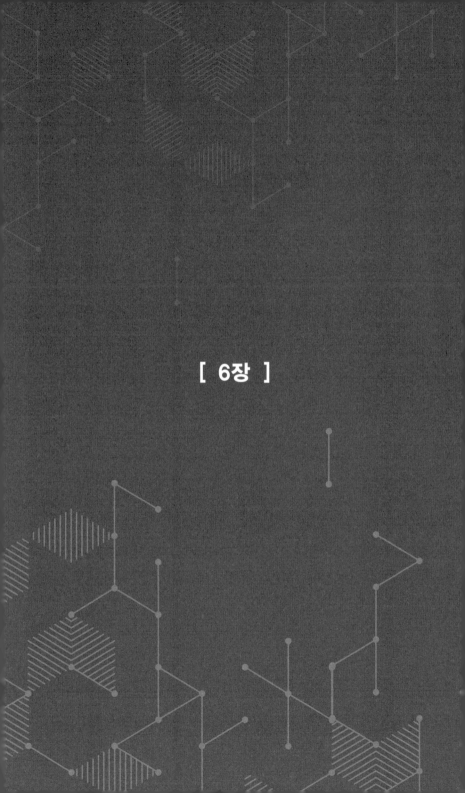

[6장]

격변하는 미래를 위한 대비책

최첨단 테크놀로지가
경제회복의 돌파구를 연다

테크놀로지가 새로운 시대로의 대전환을 일으키는 지금, 더 나은 사회를 만들기 위해 우리는 무엇을 어떻게 해야 하는지, 마지막 장에서는 지금 우리가 할 수 있는 것에 대해 생각해보려 합니다.

Web2.0에서는 개인의 네트워크가 구글이나 페이스북 등의 플랫폼에 고정돼 있었습니다. 그곳에 올린 콘텐츠는

엄연히 개인의 것이지만 마음대로 옮길 수 없었습니다. 그 바람에 사용자들은 자기 콘텐츠가 있는 플랫폼을 쉽사리 떠나지 못하고, 플랫폼은 사용자 수를 기반으로 막대한 광고 수익을 올렸습니다. 이 때문에 '세계가 일부 민간기업에 좌지우지된다'며 거대 플랫폼 기업에 대해 경종을 울리는 목소리도 있었습니다.

web3의 침투는 글로벌 거대기업이 장악하고 있던 콘텐츠를 개인의 소유물로 되찾는 것이라고도 할 수 있습니다. 시장에서 독점적 지위를 행사하는 거대기업으로부터 해방된다는 점에서 web3의 민주화를 평가할 수도 있을 듯합니다.

이 전환점에서 우리는 어떻게 변화하고 있을까요?

'web3 원년'이라 불리는 2022년 이전에도 테크놀로지에 밝은 사람들 사이에서는 메타버스, NFT, web3가 화제였습니다. 각자 나름의 목적과 열정을 가지고 프로젝트 DAO의 발기인이 되고, 관심 있는 DAO에 참여하고, 디파이에서 자산운용을 하고, NFT아트를 즐기고, NFT아트를 출품하고, 메타버스에서 전 세계 사람들과 교류하는 등의 활동을 활발히 해왔습니다. 크립토 이코노미에 특화된 벤처캐피털의 자금투입도 증가해 web3 생태계의 확대를 촉진하고 있습니다.

그러나 여전히 일부 사람들에게만 한정된 세계라는 사실에는 변함이 없습니다. web3에 발맞춰 우리 개개인의 근무형태가 달라졌습니까? 확실히 예전보다는 원격근무 등의 새로운 근무형태가 시도되고 있지만, web3에 부응한 것인지는 생각해볼 일입니다. 코로나19라는 직접적 계기가 없었다면 근무형태에 지금처럼 급격한 변화가 일어나지는 못했을 거라 생각합니다. 그나마 기업 차원에서는 새로운 시도가 있지만, 지역사회나 중앙정부는 어떻습니까? 거버넌스를 근본적으로 혁신할 역량, 궁극적으로 우리 사회를 보다 자유롭고 더욱 민주적으로 변화시킬 역량이 있음에도 web3 테크놀로지는 아직 일반화로 가는 첫걸음조차 떼지 못했습니다.

지금까지 우리가 살펴본 web3의 가능성을 진지하게 추구하려면, web3가 '테크놀로지를 좋아하는 일부 사람들' '최첨단에 있는 소수'만의 것이 되지 않도록 국가적으로 착수해야 할 일들이 있습니다. web3는 문화적이고 사회적인 운동이지만, 대중에게 일반화되려면 국가 차원의 이해와 추진력이 필요합니다.

일례로 미국을 보십시오. 미국에서는 한발 앞서 web3가 확산되었습니다. 정치인들도 세상의 흐름을 파악하기 위해 열심히 공부했습니다. 현재는 web3에 강력하게 반대하는 측과 환영하는 측으로 크게 나뉜 상태입니다. 상대적으로 가벼운 분위기였던 Web1.0, Web2.0과 달리 web3는 '암호화폐'라는 요소가 큰 비중을 차지합니다. 돈이 걸려 있다 보니 환영하는 사람은 '큰돈을 벌 수도 있다'며 더 열렬히 환영하고, 경계하는 사람은 '링크를 클릭하는 것만으로 전 재산을 잃을 수 있다'며 더 몸을 사리고 경계합니다. 민주당 출신의 바이든 대통령은 애초에 web3에 회의적이었지만, 2022년 3월 '디지털 자산 정책에 범정부적으로 대응한다'는 행정명령에 서명했습니다. web3가 가져올 혁신을 지원하는 조치이자, 혹여나 있을 불법금융의 위험에 대비한 방지책입니다.

5장에서 피아트 이코노미가 견고한 국가일수록 크립토 이코노미에 대한 경계가 커지기 쉽다고 말씀드렸죠. 견고한 피아트 이코노미 세계의 중앙은행, 신용카드 회사, 대기업 등은 국가에 대한 영향력이 큽니다. 그렇기에 정부도 이들을 지키려는 경향이 있습니다.

그런데 이런 역관계가 과연 미래에 바람직한 방향으로 작용할까요? 만약 정부가 web3를 강력히 규제하는 방향으로 움직이기 시작하면, web3가 일으킬 혁신 또한 중도에 좌절될 가능성이 커집니다.

미국과 비교하면 일본 정치인들은 web3에 격렬한 반대 움직임을 보이지는 않습니다. 그러나 적극적인 사람도 없습니다. 테크놀로지에 대한 리터러시가 부족해서 web3를 제대로 이해하지 못하고, 어쩔 수 없이 방관하는 것처럼 보입니다. 2014년 마운트곡스(Mt.Gox) 사건 이후 web3에 대해 부정적인 인식을 굳힌 정치인도 적지 않을 것입니다. 세계 최대의 가상자산거래소가 해킹으로 500억 엔에 상당하는 비트코인을 도난당한 사건으로, 이때의 충격으로 암호화폐가 해킹에 안전하지 않다는 인식이 사회 전반에 확산되었습니다. 이에 더해 최근에 가상화폐 투자 피해 사례가 증가하면서 많은 사람이 보수적인 태도를 취하게 된 것도 충분히 이해할 수 있습니다.

그러나 최근 정치권 일각에서 web3에 관심을 보이는 흐름도 포착됩니다. 장기침체에 빠진 일본 경제는 회복할 조짐이 없고, 그동안 강력히 주창해온 성장전략도 별다른 성과를 내지 못하자 더이상 손쓸 방법이 없다는 위기의식 속에 web3에서 활로를 찾고자 하는 것처럼 보이기도 합니다. 저도 2021년 여름에 일본에 돌아온 이래 web3 관련 움직임을 예의 주시하고 있습니다. 앞으로의 발전에 미력하나마 힘을 보탤 생각입니다.

다행히 산업 분야는 정치권보다는 발 빠르게 움직이는 듯합니다. 특히 콘텐츠 비즈니스는 NFT로 만들어 수익을 올리기 쉽다는 점에서 web3와 상성이 잘 맞습니다. 그 밖에도 여러 산업에서 web3가 가져올 변화의 혜택을 누릴 수 있습니다. 다만 그러려면 산업에 종사하는 사람들의 테크놀로지 리터러시가 중요합니다. 2장에 소개한 NFT 콘서트 티켓처럼 흥미로운 아이디어가 꾸준히 나올수록 web3 화는 빨라지고, 경제성장의 새로운 돌파구로 저력을 발휘할 것입니다.

'진입장벽'이라는
방화벽을 허물자

NFT에 적극적인 콘텐츠 비즈니스와 달리 일본 금융계는 web3에 호응하기보다는 조용히 동향을 주시하는 상태인 것 같습니다. 지금은 관망해도 큰 타격이 없을지 모르지만, 언제까지 그럴 수 있을까요? 더 많은 사람이 web3 세계에 눈을 뜨면 금융계는 큰 충격을 피하지 못할 것입니다.

web3가 일반화되면 금융은 디파이, 조직은 DAO로 변화해 회사에 소속되지 않고도 일할 수 있고, 은행이 없어도 예금할 수 있으며, 증권회사 없이도 자금운용이 가능합니다. 게다가 크립토 이코노미는 유동성이 큽니다. 많은 사람이 이 장점을 받아들이면 기존의 금융기관은 살아남기 어려울 것입니다. 그렇게 될 조짐이 어느 때보다 강하게 느껴집니다. 그런데 정작 당사자들 상당수는 위기감이나 변화의 필요성을 느끼지 못하는 듯합니다.

이런 격변기에는 현명하게 대처하는 사람만 살아남을 수 있습니다. 그들만이 변화의 과정에 적응하고, 변화를 바람직한 방향으로 인도해갈 수 있습니다. 적응에 필요한 준비를 제대로 해두지 않으면 위험합니다.

이미 미국의 증권사들은 고객이 원하면 자금 일부를 크립토 이코노미에 투자하는 게 당연해졌습니다. 투자자도 크립토 이코노미에 투자하지 않는 증권사의 수익달성 능력을 의심하고, 증권사도 크립토 이코노미에 투자하지 않으면 실적이 떨어진다는 위기감을 느낍니다.

여기에는 미국과 일본 금융계의 인식 차이도 있고, 제도적 뒷받침이 다르다는 이유도 있습니다. 일본 법률은 금융기관이 암호화폐를 직접 취급하지 못하도록 금지하고 있습니다. 가상자산거래소가 되고 싶으면 별도로 회사를 설립해야 합니다. 크립토 이코노미에도 자금을 투자하고 싶은 고객은 법정통화용 계좌와 암호화폐용 계좌를 따로 만들어 각각 관리해야 합니다. 제도가 이렇게 설계된 까닭에 일본에서는 크립토 이코노미에 자금을 투자하는 게 아무래도 번거롭습니다. 제도 자체가 만만찮은 진입장벽이 됩니다.

법이 이렇게 된 데에는 투자자를 보호한다는 생각이 깔려 있을 것입니다. 말하자면 크립토 이코노미에 대한 경계심에서 만들어진 방화벽입니다. 이 장벽을 허물지 않는 한 일본 금융계의 web3화는 진행될 수 없습니다. 금융기관이 암호화폐를 취급할 수 없는 규정 자체가 개인투자자들에게 '암호화폐=수상하다'라는 인식을 심어주지 않을까요?

지금 이 순간에도 크립토 이코노미에 대한 관심은 높아지고, 개인적으로 리터러시를 습득하고 디파이에 직접 자금을 넣는 투자자도 늘어나고 있습니다. 이런 투자가 일반화되면 기존 은행과 증권사는 큰 타격을 입을 것입니다. 피하고 싶겠지만, 이런 미래가 찾아올 가능성은 아직 사라지지 않았습니다.

디지털 인재의 해외 유출을 막아라

저는 오랫동안 미국에서 생활했지만, 미국의 방식이 무조건 경제적으로 유리하다고 생각하지는 않습니다. 게다가 경제적 이점만 따지다 보면 뭐든 돈으로 환산하게 돼 흥미로운 것을 만들어내기 어려워집니다. 그러나 거대한 변화를 앞두고도 변화를 주저하는 일본의 모습이 안타까워 저도 모르게 미국과 비교하게 되는 듯합니다. 특히 모든 일에서 관행과 명분을 따지는 모습은 합리적이지 않을뿐더러, 경제회복을 가로막는 커다란 걸림돌이라고 생각합니다.

일본은 선진국 가운데 유일하게 임금이 오르지 않은 나라입니다. 계속되는 정체 속에 나라 전체의 경제력은 점점 떨어지고 있습니다. '이렇게 열심히 일하는데 왜 이렇게 돈이 없을까?'라는 불만은 특히 젊은 세대에 강하게 드러납니다.

이 상황을 타개하려면 강력한 충격요법이 필요합니다. 저는 web3가 그런 충격이 될 수 있다고 믿습니다.

과거에도 계기는 있었습니다. 2000년대 초반에 IT 혁명의 기세가 드높았습니다. 저만 해도 정부의 요청을 받아 무엇을 어떻게 하면 좋을지 적지 않게 제언한 기억이 있습니다. 그 무렵에는 'IT 혁명에 뒤처지면 일본은 끝이다!'라는 위기의식이 강했습니다. 그러나 그 열기는 인터넷이 대중화됨과 동시에 식어버렸습니다. 그 뒤로 동일본대지진이 일어나고, 코로나19 팬데믹이 발생했습니다. 그때마다 위기에 대응했지만, 이를 계기로 사회나 정치, 산업구조를 혁신하려는 의지는 없었습니다.

web3를 경제회복의 돌파구로 삼기 위해서는 무엇보다 인재 확보가 중요합니다. 정부도 기업도 '하는 척'만 해서는 안 됩니다. 조직의 리더층에 디지털 영역의 구조를 이해하고 판단할 수 있는 인재가 필요합니다. 눈앞의 문제를 해결하는 데 급급한 태도에서 벗어나 팀 전체가 공통의 비전을 가지고 구조부터 설계할 수 있도록, 원점으로 돌아가 생각하는 힘을 길러야 합니다.

그러기 위해 저도 대학 교육에 힘을 쏟고 있지만, 현재 상황을 보노라면 걱정되는 점이 있습니다. web3 시대에 특히 더 요구되는 우수한 엔지니어와 전도유망한 스타트업이 계속해서 일본을 떠나 외국으로 거점을 옮기고 있다는 사실입니다.

개인적으로도 얼마 전에 유능한 엔지니어를 알게 돼 업무를 부탁하려고 전화했는데, "기꺼이 도와드려야 하지만, 가능한 한 빨리 싱가포르로 옮기려고 해서요"라는 대답을 들었습니다. 인재의 해외 유출을 절실하게 느끼는 중입니다. 개중에는 일본의 유니콘이 될 수도 있었던 블록체인 스타트업도 있습니다. 너무나 안타까울 뿐입니다.

가장 큰 이유는 앞에서 말씀드린 대로 일본의 법률입니다. 토큰을 발행해서 상장하고, 그것을 투자자가 구매하는 web3 세계의 자금조달 방식은 스타트업에 대단히 잘 들어맞습니다. 그러나 일본에서는 사실상 불가능합니다. 〈일본경제신문〉에 따르면, 100억 엔의 토큰을 발행해서 상장한

후 70%를 자사 보유하고 30%를 투자자에게 판매한 경우, 세법상 자사 보유한 70억 엔은 미실현 이익이 되고 투자자에게 판매한 30억 엔은 비용이 거의 발생하지 않은 매출이 됩니다. 결과적으로 '100억 엔 상당의 이익'으로 분류돼 30%의 세율을 적용받는다는 것입니다. 투자자에게 조달한 30억 엔을 고스란히 세금으로 낼 수밖에 없다는 뜻이죠. 이래서야 토큰을 발행한 의미가 없으니 일본에서는 자금조달을 포기하고 세제가 유리한 싱가포르 등으로 떠나는 것입니다.

그나마 다행이라면 원인이 확실하므로 해야 할 일도 명확하다는 것입니다.

우수한 web3 인재가 자유롭게 활동할 수 있는 환경을 만들어야 합니다. 기존 체제로는 기업 활동이 어려운 크립토 이코노미 관련법을 규제 일변도가 아닌 성장 촉진 방향으로 정비하는 것이 급선무입니다. 구체적으로는 스타트업이 활약할 수 있는 환경을 만들기 위해 토큰 발행과 상장에 부과되는 무거운 세금을 인하하는 개정안이 가장 시급합니다. 이렇게 법을 개정해 우수한 디지털 인재들이 활약할 수 있는 환경을 마련하고, 궁극적으로는 일본에 기반을 둔 글로벌 스탠더드를 만드는 것이 이상적입니다. 그렇게 되면 일본의 차세대 유니콘 기업이 떠나지 않는 것은 물론, 해외의 유망한 스타트업도 일본을 찾아오게 될 것입니다.

누가 web3 시대의
승자가 될 것인가?

일찍이 한 명의 애니메이터가 창조한 생쥐 캐릭터가 세계적으로 모르는 사람이 없는 거대 엔터테인먼트 기업을 탄생시켰습니다. 이제는 누구나 아는 월트디즈니 이야기입니다. 창업자 월트 디즈니는 영화제작부터 마케팅까지 다양한 콘텐츠를 꾸준히 내놓으며 '엔터테인먼트의 신'으로 불렸고, 디즈니는 사람들에게 꿈을 선사하는 기업으로 지금도 전 세계에 강력한 팬덤을 형성하고 있습니다.

그런 디즈니에 필적하는 팬덤을 일구며 '차세대 디즈니'로 성장하고 있는 존재가 앞에서 소개한 지루한 원숭이입니다.

단순한 PFP용 NFT로 시작한 지루한 원숭이는 어느덧 NFT 열풍을 상징하는 존재가 됐습니다. 지루한 원숭이 NFT를 제작한 스타트업 유가랩스(Yuga Labs)는 에이프코인을 발행해 거래소에 상장하고 향후 청사진으로 게임 출시, 이벤트 개최, 메타버스 진출, 가상토지 분양 등을 제시하며 폭발적으로 비즈니스를 확대하고 있습니다. 지루한 원숭이가 '차세대 디즈니'로 거론된다고 말씀드린 근거가 여기에 있습니다. 강력한 팬덤을 거느린 IP로 막대한 수익을 거두고, 이를 기반으로 수준 높은 콘텐츠를 다시 창조하는 디즈니의 행보를 지루한 원숭이가 web3 생태계에서 그대로 보여주고 있기 때문입니다. 유가랩스의 2021년 매출은 1억 3800만 달러, 순수익은 무려 1억 2700만 달러입니다. 그해 4월에 지루한 원숭이를 발행하고 1년도 안 돼 이룬 성과입니다.

지루한 원숭이의 PFP를 본 사람은 '요새는 이런 것이 인기구나, 흠…(나는 딱히 좋은 줄 모르겠네)'이라고 생각할지도 모릅니다. 그러나 지루한 원숭이를 둘러싼 현상을 단순히 하나의 NFT나 개인 취향의 수준으로 이해하면 곤란합니다.

지금 세계적인 관심사 중 하나는 '누가 web3 시대의 승자가 될 것인가?'입니다. 저는 개인적으로 마이크로소프트, 메타, 트위터, 소니 등의 기존 강자를 위협하는 가장 큰 대항마가 지루한 원숭이 아닌가 생각합니다. 원숭이 PFP에서 시작한 web3의 총아가 상당한 수준의 기술력과 자금력으로 기존의 거대기업들을 쓰러뜨리고 시장을 장악할 날이 머지않았을지 모릅니다. 어느덧 이런 미래를 구체적으로 그려볼 수 있는 단계에 접어들었습니다.

지루한 원숭이가 놀라운 성장을 보이는 이유는 크게 두 가지입니다.

하나는 처음부터 규모와 유동성이 큰 크립토 이코노미를 시장으로 삼았다는 사실입니다. 다른 하나는 NFT 발행뿐 아니라 지루한 원숭이 커뮤니티를 만들고 여기에 토큰을 투입해 자금을 조달하고 있다는 점입니다. 에이프코인은 유가랩스가 출시하는 블록체인 게임 등 신제품과 서비스의 주요 토큰으로 사용되며, 관리 및 운영은 에이프코인 DAO가 담당합니다. 에이프코인 보유자들은 에이프코인 DAO의 일원으로 투표 및 의사결정에 참여할 수 있습니다. 하나의 거대한 '원숭이 생태계'가 조성되는 원대한 구상입니다.

아무리 NFT 시장이 활기를 띤다 해도 NFT아트를 판매하는 것만으로는 커뮤니티의 확장성(scalability)에 한계가 있습니다. NFT아트 판매에 토큰 발행과 상장을 더하는 역동적인 발상이야말로 web3적이며, 지루한 원숭이가 레벨이 다른 프로젝트로 성장한 가장 큰 원동력입니다.

세상에는 이렇게 엄청난 구상이 착착 실현되고 있습니다. 그런데 한쪽에서는 유명 IT기업들이 국내시장밖에 보지 못하는 좁은 시야와 유행에 편승하자는 얄팍한 계산으로 NFT 비즈니스를 시작하고 있습니다. 그마저 자사 서비스를 이용하는 고객에게만 마켓플레이스와 월렛에서 거래할 수 있는 권한을 줍니다. 그 좁은 타깃층을 대상으로 얼마나 성과를 낼 수 있을까요? web3의 정신을 갖추기는커녕 NFT를 그저 새로운 디지털 상품으로만 보는 것입니다. 생각의 차이에 깜짝 놀랄 수밖에 없습니다.

web3 생태계인 토크노믹스는 다양한 구성요소가 연결되어 상호작용해야 비로소 기능합니다. NFT라는 구성요소 하나만 잘라내 디지털 상품으로 판매해서는 고작 막연히 'web3적인 느낌'이 날 뿐입니다. 결코 진정한 web3라 할 수 없습니다.

세제 등의 한계 때문에 근원적인 혁신에 뛰어들지 못하

는 사정은 있을 것입니다. 그렇다 해도 변화의 문턱에 선 지금, 기업이라면 세계 시장을 대상으로 NFT 비즈니스를 전개하는 수준의 비전은 가지고 있어야 합니다. 이 거대한 기회를 눈앞에 두고도 놓친다면 너무 아까운 일 아닙니까? 특히 이미 NFT 마켓플레이스를 운영하고 있는 IT 대기업이라면, 기술이나 자금 면에서도 자신의 콘텐츠를 글로벌 버전으로 만들어 세계 시장으로 사업을 전개할 수 있고, 그래야 합니다. 기존 고객에 연연해 비즈니스를 확장하지 못하는 모습은 기업이 흔히 빠지는 딜레마입니다. 견실한 기존 고객을 유지하는 데에만 힘을 쏟고, 세계로 시야에 넓혀 전개하는 방향으로는 좀처럼 나아가지 못합니다. 그러나 NFT에 국경이 있습니까? NFT를 더욱 넓은 시야에서 파악함으로써 이런 딜레마에서 벗어나야 합니다.

저는 일본의 IT 대기업도 진정한 web3의 세계로 진입하기를 희망합니다. 제가 일본에 돌아와 디지털개러지(Digital Garage) 사의 수석 아키텍트로서 할 일도 그것입니다. 설립 30년 차를 맞는 이 기업을 web3에 맞는 형태로 변모시키는 것입니다.

겉으로 보기에 일본은 해외 문물을 받아들이는 데 거리낌이 없고, 절묘한 균형감각을 발휘해 그것을 일본의 스타일로 변용시키는 데 능합니다. 뭐든지 '일본 스타일'로 만들어버리는 솜씨는 일본이 가진 장점임에 틀림없습니다. '겉모습이 변해도 근본은 변하지 않는다'라는 것은 심지가 굳다는 의미이기도 합니다. 그러나 지금처럼 새로운 테크놀로지가 거대한 패러다임의 전환을 일으키는 시기에는 오히려 걸림돌이 될 수도 있지 않을까요? 패러다임의 전환마저 일본 스타일로 만들어버리면, 새로 형성되는 글로벌 스탠더드에 합류하지 못하고 세계적 흐름에서 낙오될 수 있습니다.

앞에서 콘텐츠 비즈니스가 NFT화하기 적합하다고 말씀드렸는데, 이 부분에서도 일본에서는 안타까운 일이 벌어지고 있습니다. 애니메이션을 비롯해 일본은 자타공인 콘텐츠 강국입니다. 그런 콘텐츠를 새롭게 전개되는 세계 시장에 풀어놓지 못하고 일본 내에서만 판매하는 것은 이만저만 손해가 아닙니다. 세계적으로 많은 팬을 보유한 콘텐츠가 많은데도 정작 IP 보유자인 기업이 세계 시장에 뜨뜻미지근한 태도를 취하는 경우가 많습니다. 지식재산권을 통제할 수 없다는 이유에서, 어떤 문제가 발생했을 때 책임소재가 불분명하다는 이유에서 해외 플랫폼을 기피하고 있습니다. 자칫 같은 회사의 사업부문끼리 매출경쟁을 벌이는 제살 깎아먹기(cannibalization)가 발생할까 우려해 몸을 사리는것인지도 모릅니다.

그러나 세계로 눈을 돌리지 않는 한 해결책은 없습니다. 세계에서 잊혀 쇠퇴의 길을 걷게 될 가능성만 커질 뿐입니다.

NFT 시장은 아직 여명기입니다. 그러니 '해외 시장은 어렵다'는 태도를 버리고 적극적으로 배우면서 불합리한 규정을 고쳐나간다면 결코 비관적이지 않은 미래가 기다릴 것입니다. 그러기 위해서는 무엇보다 세계적인 시야와 사고가 필요합니다. 문화적으로 한국 엔터테인먼트에 밀린다고 말하는 사람들도 있지만, 그렇게 비관할 정도는 아니라고 생각합니다. 세계에서 지금 무슨 일이 일어나고 있는지 파악하고 테크놀로지 리터러시를 키우며 세계 시장을 목표로 노력한다면, 분명히 기회가 올 것입니다.

세상의 패러다임이 바뀐다,
우리의 룰을 바꾸자

'일본 사회의 구조를 새로운 테크놀로지에 걸맞은 형태로 바꾸어야 한다. 바로 지금이 혁신을 시작할 때다.' 이런 다짐으로 14년 만에 일본 땅을 다시 밟았습니다. 제가 태어나고 자란 이 나라가 근원적인 혁신을 시작하는 데 제 전문분야인 테크놀로지의 관점에서 조금이나마 힘을 보태고 싶었습니다. 지금 저는 일본 디지털청 산하 '디지털사회구상회의'의 일원으로서 학문 분야의 경계를 넘어 다양한 사람들과 의견을 나누고, web3의 테크놀로지를 사회에 실제로 적용하는 아이디어를 실험하고 있습니다.

아무리 기술이 뼛속까지 바뀐다 한들, 사람들의 생각과 목표가 달라지지 않으면 사회도 조직도 개인도 변하지 않습니다. 그렇다고 지금 이 상태로 좋은지 물으면, 또 많은 이들이 의문을 품을 것입니다. 특히 젊은 세대가 그렇지 않을까요?

제가 말하는 '혁신'에서 파괴적인 느낌을 받은 분도 계실지 모르겠습니다. 그러나 제가 말하는 혁신은 파괴하고 재건하는(scrap and build) 것이 아니라 변환(transform)에 가깝습니다. 본래의 형태를 부수지 않고 조금씩 바꿔나가는 것입니다.

그렇다면 새로운 목표 아래 사회를 파괴하지 않고 변환하려면 무엇을 어떻게 해야 할까요?

목표는 비전에서 나오고, 비전은 패러다임에서 나옵니다.

700여 년 전 중세 이탈리아에서 복식부기가 발명되고, 경제가 중심이 되는 근대적인 자본주의체제가 탄생했습니다. 곧이어 돈 많은 사람이 승자라는 패러다임이 등장했습니다.

그 후로 계속, 지금도 인류는 이 패러다임 속에 살아가고 있습니다.

경제가 성장함에 따라 더 많은 사람이 사회에 참여할 수 있게 되었고, 생활은 편리하고 풍요로워졌습니다. 그러나 부와 권력이 소수에게 집중되는 현상 또한 심화되었습니다. 빈부의 격차는 점점 커지고, 환경파괴는 인류 공멸을 걱정해야 할 수준으로 치닫고 있습니다. 자본주의체제의 성장만을 목표로 하는 이상 피할 수 없는 전개입니다. 이런 상태가 이어진다면 파괴적인 미래가 우리를 기다릴 뿐입니다. 한마디로 기존의 패러다임은 이제 슬슬 한계를 맞고 있습니다.

21세기 들어 블록체인이라는 새로운 테크놀로지가 등장했습니다. 탈중앙화 사상을 주창하며 비트코인이, 이어서 커뮤니티에 뿌리를 둔 이더리움이 나타났습니다. 지금은 새로운 단계인 web3로 진행 중입니다. 이미 여러 차례 강조한 것처럼 web3의 가장 큰 특징은 '분산'입니다. 모든 것을 탈중앙화하는 테크놀로지를 통해 우리 사회는 기존의 중앙집권적 패러다임에서 탈중앙화 패러다임으로 옮겨가려 하고 있습니다.

이 시점에서 제가 무엇보다 염려하는 것은 '과거의 패러다임 vs. 새로운 패러다임'이라는 대립구조가 격화되는 것입니다. 일부가 도태되는 것은 어쩔 수 없는 일입니다. 그러나 사회가 감당하기 어려울 정도로 과거의 패러다임이 부정되고 희생된다면 반발을 피할 수 없고, 그때는 파괴적인 혁신이 될 수밖에 없습니다.

그런 사태를 막기 위해서라도 사회 전체가 테크놀로지에 대한 리터러시 수준을 높이고, 어떤 미래를 만들어갈지 비전을 공유해야 합니다.

사회의 모든 부문에 탈중앙화가 진행되는 web3 시대에는 부와 권력을 한곳에 집중하는 발상은 케케묵은 비전이 될 것입니다. 국가라는 가장 중앙집권적인 조직이 사라지지는 않겠지만 개인은 각자의 가치관, 취향, 라이프스타일에 따라 자신이 원하는 형태로 사회 각 부문에 참여할 것입니다. 이런 비전 아래, 어떤 목표를 설정하고 사회를 만들어가야 할까요?

　이것이 우리 한 사람 한 사람 앞에 놓인 새로운 미션입니다. 이 책을 읽어주신 독자분들도 꼭 함께 생각하고 변화에 동참해주시길 기대합니다. 감사합니다.

이토 조이치

확실한 미래

2023년 1월 11일 초판 1쇄 발행

지은이 이토 조이치
옮긴이 김영주

펴낸이 김은경
책임편집 권정희
편집 이은규
마케팅 박선영
경영지원 이연정

펴낸곳 ㈜북스톤
주소 서울특별시 성동구 성수이로20길 3, 6층 602호
대표전화 02-6463-7000
팩스 02-6499-1706
이메일 info@book-stone.co.kr
출판등록 2015년 1월 2일 제2018-000078호
ⓒ 이토 조이치
(저작권자와 맺은 특약에 따라 검인을 생략합니다)
ISBN 979-11-91211-95-5 (03320)

책값은 뒤표지에 있습니다. 잘못된 책은 구입처에서 바꿔드립니다.

북스톤은 세상에 오래 남는 책을 만들고자 합니다. 이에 동참을 원하는 독자 여러분의 아이디어와 원고를 기다리고 있습니다. 책으로 여기를 원하는 기획이나 원고가 있으신 분은 연락처와 함께 이메일 info@book-stone.co.kr로 보내주세요. 돌에 새기듯, 오래 남는 지혜를 전하는 데 힘쓰겠습니다.